참 쉬운 급수 한자

8급

| 교재 내용 문의 | 교재 내용 문의는 EBS 초등사이트 (primary.ebs.co.kr)의 교재 Q&A 서비스를 활용하시기 바랍니다. | 교재 정오표 공지 | 발행 이후 발견된 정오 사항을 EBS 초등사이트 정오표 코너에서 알려 드립니다.
교재 검색 ▶ 교재 선택 ▶ 정오표 | 교재 정정 신청 | 공지된 정오 내용 외에 발견된 정오 사항이 있다면 EBS에 알려 주세요.
교재 검색 ▶ 교재 선택 ▶ 교재 Q&A |

EBS와 함께하는 초등 학습

참 쉬운 글쓰기 급수 한자

참 쉬운 글쓰기

따라 쓰는 글쓰기 (1~2학년)	문법에 맞는 글쓰기 (3~6학년)	목적에 맞는 글쓰기 (3~6학년)

참 쉬운 급수 한자

8급	7급 II	7급

참 쉬운 급수 한자

8급

구성과 특징

이렇게 활용하면 한자가 더 쉬워집니다!

1 하루 2자씩, 25일 완성

자기 주도 학습으로 25일 동안 차근차근 학습을 할 수 있어요.

2 따라 쓰기

올바른 순서로 따라 쓰면서 완벽하게 이해해요.

한자를 더 쉽게 만드는 특별 부록!

▶ 본문 50개의 한자와 책상 부착용 한자 포스터

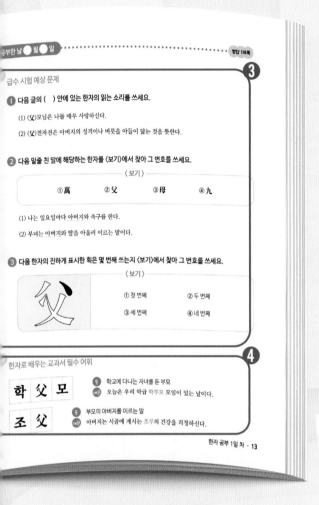

❸

예상 문제

이해하기 쉬운 예문을 읽으면서
문제를 풀어 봅니다.
오늘 배운 한자를 활용해 보아요.

❹

필수 어휘

교과서 필수 어휘를 수록하여
어휘 실력을 더 향상할 수 있어요.

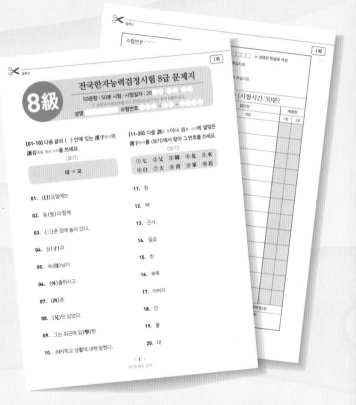

▶ **한국어문회한자능력검정시험에 대한**
설명(본문 8쪽)
- ▸ 시험 안내, 시험지와 답안지 예시 샘플,
  작성 방법
- ▸ 시험과 답안지 작성 방법은 강의로도
  제작하여 연결

▶ **시험장을 그대로, 모의고사와 답안지**
- ▸ 실제 시험지 크기와 유사하게 제작
  현장에서 당황하지 않도록
  3회분 모의고사와 연습 답안지를 제공

차례

7급 Ⅱ 배정 한자   〈참 쉬운 급수 한자 7급 Ⅱ〉에서 학습하세요.

手 손 수	足 발 족	上 윗 상	下 아래 하	男 사내 남	子 아들 자	左 왼 좌	右 오른 우	前 앞 전	後 뒤 후
時 때 시	間 사이 간	不 아닐 불(부)	安 편안 안	江 강 강	海 바다 해	食 밥/먹을 식	事 일 사	活 살 활	動 움직일 동
姓 성 성	名 이름 명	自 스스로 자	力 힘 력(역)	電 번개 전	氣 기운 기	車 수레 거/수레차	農 농사 농	場 마당 장	正 바를 정
午 낮 오	道 길 도	市 저자 시	立 설 립(입)	家 집 가	內 안 내	工 장인 공	空 빌 공	孝 효도 효	平 평평할 평
每 매양 매	答 대답 답	物 물건 물	漢 한수/한나라 한	記 기록할 기	話 말씀 화	直 곧을 직	全 온전 전	方 모 방	世 인간 세

7급 배정 한자   〈참 쉬운 급수 한자 7급〉에서 학습하세요.

出 날 출	入 들 입	有 있을 유	老 늙을 로(노)	少 적을 소	夕 저녁 석	春 봄 춘	夏 여름 하	秋 가을 추	冬 겨울 동
來 올 래(내)	便 편할편/똥오줌변	紙 종이 지	天 하늘 천	地 땅 지	川 내 천	百 일백 백	千 일천 천	重 무거울 중	文 글월 문
字 글자 자	旗 기 기	住 살 주	所 바 소	命 목숨 명	花 꽃 화	草 풀 초	育 기를 육	算 셈 산	數 셈 수
休 쉴 휴	口 입 구	心 마음 심	問 물을 문	邑 고을 읍	面 낯 면	里 마을 리	洞 골동/밝을통	夫 지아비 부	村 마을 촌
植 심을 식	林 수풀 림(임)	然 그럴 연	歌 노래 가	登 오를 등	祖 할아버지 조	主 임금/주인 주	語 말씀 어	同 한가지 동	色 빛 색

급수 시험 소개와 학습 수준 안내

▶ 한자를 배우고 공부해야 하는 이유

우리말은 70% 이상이 한자어이고 나머지는 고유어(순우리말)와 외래어로 구성되어 있습니다. 우리말의 어휘력을 늘리고, 더 쉽게 이해하기 위해서는 한자 공부가 필요합니다.

▶ 한자 자격 급수별 안내

교육 급수		8급	7급Ⅱ	7급	6급Ⅱ	6급	5급Ⅱ	5급	4급Ⅱ	4급
배정 한자	신규	50	50	50	75	75	100	100	250	250
	누적	50	100	150	225	300	400	500	750	1,000
	읽기	50	100	150	225	300	400	500	750	1,000
	쓰기	–	–	–	50	150	225	300	400	500
출제 문항		50	60	70	80	90	100	100	100	100
합격 기준		35	42	49	56	63	70	70	70	70
시험 시간		50분								
응시 비용		20,000원								

공인 급수		3급Ⅱ	3급	2급	1급	특급Ⅱ	특급
배정 한자	신규	500	317	538	1,145	1,418	1,060
	누적	1,500	1,817	2,355	3,500	4,918	5,978
	읽기	1,500	1,817	2,355	3,500	4,918	5,978
	쓰기	750	1,000	1,817	2,005	2,355	3,500
출제 문항		150	150	150	200	200	200
합격 기준		105	105	105	160	160	160
시험 시간		60분	60분	60분	90분	100분	100분
응시 비용		25,000원			45,000원		

▶ 한자 자격 급수 시험 응시 방법 안내

▶ 시험 시작 20분 전까지 고사실에 입실해야 하며, 동반자는 20분 전까지 고사장 밖으로 퇴장해야 합니다.

▶ 급수별로 연 4회 실시하며 매년 시행 기관 홈페이지에서 세부 일정을 안내합니다. 단, 고사장 운영 및 대입 일정, 방역 대책 등의 사유로 변경될 수 있습니다.

◉ 급수별 출제 기준(교육 급수)

구분	8급	7급 Ⅱ	7급	6급 Ⅱ	6급	5급 Ⅱ	5급	4급 Ⅱ	4급
독음(讀音)	24	22	32	32	33	35	35	35	32
훈음(訓音)	24	30	30	29	22	23	23	22	22
장단음(長短音)	0	0	0	0	0	0	0	0	3
상대어(相對語)	0	2	2	2	3	3	3	3	3
성어(成語)	0	2	2	2	3	4	4	5	5
부수(部首)	0	0	0	0	0	0	0	3	3
유의어(類義語)	0	0	0	0	2	3	3	3	3
동음이의어(同音異義語)	0	0	0	0	2	3	3	3	3
뜻풀이	0	2	2	2	2	3	3	3	3
약자(略字)	0	0	0	0	0	3	3	3	3
한자 쓰기	0	0	0	10	20	20	20	20	20
필순(筆順)	2	2	2	3	3	3	3	0	0
출제 문항 수	50	60	70	80	90	100	100	100	100

※ 한국어문회(한국한자능력검정회) 기준입니다. 시험 시행 기관에 따라 배정 한자와 시행 방법이 다를 수 있습니다.
※ 한국어문회(한국한자능력검정회) 홈페이지(www.hanja.re.kr)에서 확인할 수 있습니다.

◉ 이외 한자 급수 시험 주최 기관

한자 급수 시험 주최 기관은 '한국어문회' 외에도 아래의 기관별 홈페이지에서 응시 정보를 확인할 수 있습니다.

▶ **대한검정회 | www.hanja.ne.kr**

　8급 30자 25문제, 7급 50자 25문제, 6급 70자 50문제이며 70점 이상이면 합격
　8급부터 준5급까지는 객관식 문제만 출제, 6급까지는 뜻과 음만 알면 풀 수 있는 문제로 구성

▶ **한자교육진흥회 | web.hanja114.org**

　8급 50자 50문제, 7급 120자 50문제, 6급 170자 80문제가 출제되며 70점 이상이면 합격
　7·8급은 음과 뜻 맞추기 문제가 출제되고, 6급부터 쓰기 문제가 출제

▶ **상공회의소 | license.korcham.net**

　9급 50자 30문제, 8급 100자 50문제, 7급 150자 70문제이며 60점 이상 득점하면 합격
　9급은 한자의 음과 뜻을 묻는 문제, 7급부터 뜻풀이, 빈칸 채우기 문제가 출제

<EBS 참 쉬운 급수 한자>

실제 시험지와
답안지 예시

▶ 시험 날 유의 사항

▸ 시험 당일에는 주민등록등본, 의료보험증 사본 등 수험생의 신분을 증명할 수 있는 서류와 볼펜, 수정 테이프를 준비합니다.

▸ 시험 시간 동안 보호자는 시험장 밖에서 기다려야 합니다.

1 고사장 도착 → **2** 배치표 확인 → **3** 고사실 입실 → **4** 지정석 착석 → **5** 시험 응시

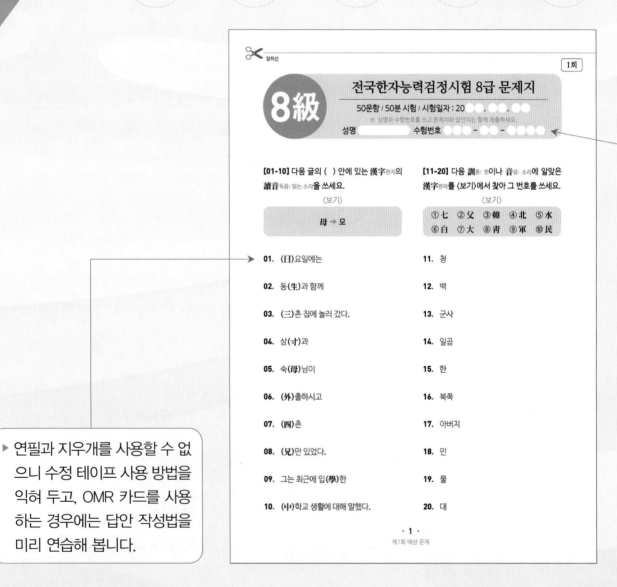

✂ 절취선
[1회]

8級 전국한자능력검정시험 8급 문제지

50문항 / 50분 시험 / 시험일자 : 20◯◯.◯◯.◯◯
※ 성명과 수험번호를 쓰고 문제지와 답안지는 함께 제출하세요.

성명 [　　　] 수험번호 ◯◯◯ - ◯◯ - ◯◯

[01-10] 다음 글의 ( ) 안에 있는 漢字한자의 讀音독음: 읽는 소리을 쓰세요.

〈보기〉

母 → 모

01. (日)요일에는

02. 동(生)과 함께

03. (三)촌 집에 놀러 갔다.

04. 삼(寸)과

05. 숙(母)님이

06. (外)출하시고

07. (四)촌

08. (兄)만 있었다.

09. 그는 최근에 입(學)한

10. (中)학교 생활에 대해 말했다.

[11-20] 다음 訓훈: 뜻이나 音음: 소리에 알맞은 漢字한자를 〈보기〉에서 찾아 그 번호를 쓰세요.

〈보기〉

① 七 ② 父 ③ 韓 ④ 北 ⑤ 水
⑥ 白 ⑦ 大 ⑧ 靑 ⑨ 軍 ⑩ 民

11. 청

12. 백

13. 군사

14. 일곱

15. 한

16. 북쪽

17. 아버지

18. 민

19. 물

20. 대

· 1 ·
제1회 예상 문제

▸ 연필과 지우개를 사용할 수 없으니 수정 테이프 사용 방법을 익혀 두고, OMR 카드를 사용하는 경우에는 답안 작성법을 미리 연습해 봅니다.

답안 작성 시 유의 사항

▸ 필기구는 검정색 볼펜, 일반 수성(플러스)펜을 사용하셔야 합니다.

▸ 연필, 붓 펜, 네임 펜, 컴퓨터용 펜, 유성 펜류는 뭉개져 흐려지거나, 번지거나, 반대편으로 배어
나와 채점 시 불이익을 받을 수 있습니다.

▸ 데이터 입력은 문자 인식 과정을 거치는데, 지정된 필기구를 사용하지 않거나, 검정색이 아닌
펜으로 작성된 답안지는 인식 과정에서 문제가 있을 수 있습니다.

▸ 수험표를 출력하여 준비하고, 수험
표의 정보를 확인하여 시험지와 답
안지에 그대로 적어야 합니다.

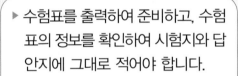

사단법인 한국어문화
제100회 전국한자능력검정시험 **수험표**

고사장	한국대학교	
수험번호	120-45-7890 (지원급수 : 8급)	
성명	김한국	
생년월일	01. 01. 01	
시험일	2021년 01월 01일	

〈수험자 유의 사항〉

※ 시험 준비물 1. 수험표(미지참 시 고사장 에서 재발급) 2. 신분증: 주민등록증, 운전 면허증, 여권, 국가기술 자격증, 공무원증, 학생증	※ 접수 마감 후에는 절대로 지 원자 변경, 시험 연기, 지원 급수 변경, 고사장 변경을 할 수 없습니다. ※ 부정행위: 다음 사항에 해 당하는 경우 부정행위로 간

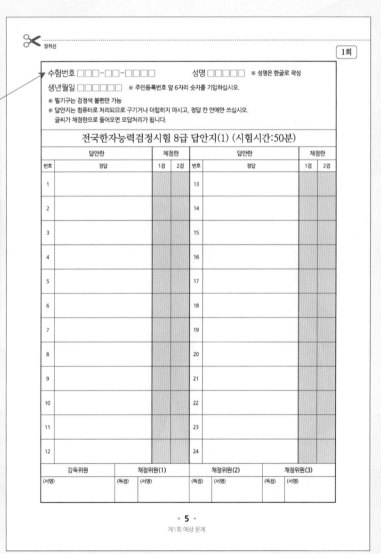

※ 본 시험지와 답안지, 수험표는 한국어문회 한자능력검정시험 기준입니다.

참 쉬운 급수 한자

8급

25일 50자

父
아버지 부

뜻	... 아버지
소리	... 부
부수	... 父
쓰기 순서	... 丶 丿 八 父

손에 도끼를 들고 있는 아버지의 모습을 본뜬 글자입니다.

한자를 따라 써 보고, 한자의 뜻에 해당하는 그림을 색칠해 보세요.

父	父	父	父	父	父
아버지 부	아버지 부	아버지 부	아버지 부	아버지 부	아버지 부

급수 시험 예상 문제

1 다음 글의 ( ) 안에 있는 한자의 읽는 소리를 쓰세요.

(1) (父)모님은 나를 매우 사랑하신다.

(2) (父)전자전은 아버지의 성격이나 버릇을 아들이 닮는 것을 뜻한다.

2 다음 밑줄 친 말에 해당하는 한자를 〈보기〉에서 찾아 그 번호를 쓰세요.

〈 보기 〉
① 萬　　　② 父　　　③ 母　　　④ 九

(1) 나는 일요일마다 아버지와 축구를 한다.

(2) 부녀는 아버지와 딸을 아울러 이르는 말이다.

3 다음 한자의 진하게 표시한 획은 몇 번째 쓰는지 〈보기〉에서 찾아 그 번호를 쓰세요.

〈 보기 〉
① 첫 번째　　　② 두 번째
③ 세 번째　　　④ 네 번째

 한자로 배우는 교과서 필수 어휘

뜻 학교에 다니는 자녀를 둔 부모
예문 오늘은 우리 학급 학부모 모임이 있는 날이다.

조 父
뜻 부모의 아버지를 이르는 말
예문 아버지는 시골에 계시는 조부의 건강을 걱정하신다.

母

어머니 모

뜻	… 어머니
소리	… 모
부수	… 母
쓰기 순서	… ㄴ▸ㄅ▸母▸母▸母

한자 공부 l일
父 / 母

어머니가 아이에게 젖을 먹이는 모습을 본뜬 글자입니다.

한자를 따라 써 보고, 한자의 뜻에 해당하는 그림을 색칠해 보세요.

母	母	母	母	母	母
어머니 모	어머니 모	어머니 모	어머니 모	어머니 모	어머니 모

급수 시험 예상 문제

1 다음 글의 (　) 안에 있는 한자의 읽는 소리를 쓰세요.

(1) 나의 생일을 축하하기 위해 이(母)가 오셨다.

(2) 고(母)와 함께 과일을 사러 시장에 갔다.

2 다음 밑줄 친 말에 해당하는 한자를 〈보기〉에서 찾아 그 번호를 쓰세요.

〈 보기 〉

①十　　　　②父　　　　③母　　　　④萬

(1) 엄마는 틈틈이 피아노를 연주하셨다.

(2) 나는 어머니와 많이 닮았다.

3 다음 한자의 진하게 표시한 획은 몇 번째 쓰는지 〈보기〉에서 찾아 그 번호를 쓰세요.

〈 보기 〉

① 두 번째　　　　② 세 번째

③ 네 번째　　　　④ 다섯 번째

한자로 배우는 교과서 필수 어휘

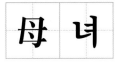

뜻 어머니와 딸을 아울러 이르는 말
예문 우리 모녀는 도란도란 이야기하는 것을 좋아한다.

뜻 자기가 태어난 나라. 흔히 외국에 나가 있는 사람이 자기 나라를 가리킬 때에 쓰는 말
예문 우리의 모국은 대한민국이다.

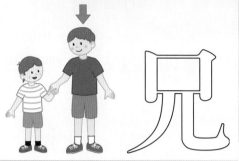
뜻	⋯ 형
소리	⋯ 형
부수	⋯ 儿
쓰기 순서	⋯ ㅣ ▸ ㄲ ▸ ㅁ ▸ 므 ▸ 兄

하늘을 향해 입을 크게 벌리고 제사를 지내는 사람의 모습에서 유래한 글자입니다. 제사는 맏형이 맡아보았습니다.

한자를 따라 써 보고, 한자의 뜻에 해당하는 그림을 색칠해 보세요.

兄	兄	兄	兄	兄	兄
형 형	형 형	형 형	형 형	형 형	형 형

💡 급수 시험 예상 문제

❶ 다음 글의 ( ) 안에 있는 한자의 읽는 소리를 쓰세요.

(1) 나는 (兄)이 있는 친구가 부러웠다.

(2) 우리 (兄)제는 성격이 서로 다르다.

❷ 다음 밑줄 친 말에 해당하는 한자를 〈보기〉에서 찾아 그 번호를 쓰세요.

――――――――――――― 〈 보기 〉 ―――――――――――――

①父   ②母   ③兄   ④弟

(1) 아버지는 맏이로 태어나셨다.

(2) 나에게는 두 명의 형이 있다.

❸ 다음 한자의 진하게 표시한 획은 몇 번째 쓰는지 〈보기〉에서 찾아 그 번호를 쓰세요.

――――――――――――― 〈 보기 〉 ―――――――――――――

① 첫 번째   ② 두 번째

③ 세 번째   ④ 네 번째

💡 한자로 배우는 교과서 필수 어휘

의	兄	제

뜻 서로 남이지만 친형제처럼 지내기로 약속한 관계
예문 우리는 의형제를 맺을 정도로 친하다.

兄	제	자	매

뜻 남자 형제와 여자 형제를 아울러 이르는 말
예문 나는 형제자매가 없는 외동이다.

弟
아우 제

뜻	…	아우
소리	…	제
부수	…	弓
쓰기 순서	…	丶 丷 丷 肖 肖 肖 弟 弟

'창이나 나무에 차례차례 줄을 감아놓은 모습을 본뜬 한자'로 형 다음 차례인 '동생', '아우'를 뜻합니다.

한자를 따라 써 보고, 한자의 뜻에 해당하는 그림을 색칠해 보세요.

弟	弟	弟	弟	弟	弟
아우 제	아우 제	아우 제	아우 제	아우 제	아우 제

급수 시험 예상 문제

1 다음 글의 ( ) 안에 있는 한자의 읽는 소리를 쓰세요.

(1) 형(弟) 사이에는 우애가 있어야 한다.

(2) 나는 선생님의 (弟)자라는 것이 자랑스럽다.

2 다음 밑줄 친 말에 해당하는 한자를 〈보기〉에서 찾아 그 번호를 쓰세요.

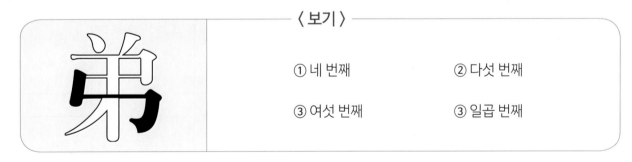

─────── 〈 보기 〉 ───────

① 父　　　② 母　　　③ 兄　　　④ 弟

(1) 남동생은 나보다 세 살이 어리다.

(2) 전래 동화 '의좋은 형제'를 읽고 감동을 받았다.

3 다음 한자의 진하게 표시한 획은 몇 번째 쓰는지 〈보기〉에서 찾아 그 번호를 쓰세요.

弟	─── 〈 보기 〉 ───
	① 네 번째　　② 다섯 번째
	③ 여섯 번째　　③ 일곱 번째

 한자로 배우는 교과서 필수 어휘

형	弟

🔵뜻 형과 아우를 아울러 이르는 말
🔵예문 우리 형제는 매일 저녁 책을 읽는다.

사	弟

🔵뜻 스승과 제자
🔵예문 우리 학교에서 선생님과 학생이 함께하는 사제 음악회가 열렸다.

女

여자 녀(여)

뜻	⋯	여자
소리	⋯	녀(여)
부수	⋯	女
쓰기 순서	⋯	人 女 女

한자 공부 3일
女 / 寸

손을 앞으로 모으고 무릎을 꿇고 앉아 있는 모양을 본뜬 글자로 '여자' 혹은 '**딸**'을 뜻합니다. '女'가 단어의 첫머리에 올 때는 '여'로 읽고, 뒤에서는 '녀'로 읽습니다.

한자를 따라 써 보고, 한자의 뜻에 해당하는 그림을 색칠해 보세요.

女	女	女	女	女	女
여자 녀(여)	여자 녀(여)	여자 녀(여)	여자 녀(여)	여자 녀(여)	여자 녀(여)

급수 시험 예상 문제

❶ 다음 글의 (   ) 안에 있는 한자의 읽는 소리를 쓰세요.

(1) 우리 언니는 남(**女**) 공학 중학교에 다닌다.

(2) 성냥팔이 소(**女**)는 추운 거리를 헤매고 다녔다.

❷ 다음 밑줄 친 말에 해당하는 한자를 〈보기〉에서 찾아 그 번호를 쓰세요.

〈 보기 〉

① **女**　　② **兄**　　③ **弟**　　④ **母**

(1) 여자 화장실은 복도 끝에 있습니다.

(2) 딸이 많은 집안을 가리켜 딸 부잣집이라 한다.

❸ 다음 한자의 진하게 표시한 획은 몇 번째 쓰는지 〈보기〉에서 찾아 그 번호를 쓰세요.

〈 보기 〉

① 첫 번째　　② 두 번째

③ 세 번째

 한자로 배우는 교과서 필수 어휘

| 미 女 |
- 뜻 얼굴이 아름다운 여자
- 예문 사진 속에는 아름다운 미녀들이 웃고 있었다.

| 손 女 |
- 뜻 아들의 딸. 또는 딸의 딸
- 예문 할아버지의 손녀 사랑은 유별나시다.

寸
마디 촌

뜻	··· 마디
소리	··· 촌
부수	··· 寸
쓰기 순서	··· 一 ▸ 十 ▸ 寸

손목에서 맥박이 뛰는 곳까지의 손가락 한 마디 길이로 '마디'

를 뜻합니다. 그리고 친족 관계인 '촌수'를 뜻하기도 합니다.

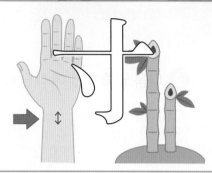

한자를 따라 써 보고, 한자의 뜻에 해당하는 그림을 색칠해 보세요.

寸	寸	寸	寸	寸	寸
마디 촌	마디 촌	마디 촌	마디 촌	마디 촌	마디 촌

급수 시험 예상 문제

❶ 다음 글의 (   ) 안에 있는 한자의 읽는 소리를 쓰세요.

(1) 오늘은 사(寸) 동생의 백일이다.

(2) 나는 외삼(寸)을 잘 따른다.

❷ 다음 밑줄 친 말에 해당하는 한자를 〈보기〉에서 찾아 그 번호를 쓰세요.

───── 〈 보기 〉 ─────

① 寸   ② 萬   ③ 兄   ④ 女

(1) 촌수가 먼 친척은 만나기 어렵다.

(2) 처음 만난 친구와 몇 마디 이야기를 하고 헤어졌다.

❸ 다음 한자의 진하게 표시한 획은 몇 번째 쓰는지 〈보기〉에서 찾아 그 번호를 쓰세요.

───── 〈 보기 〉 ─────

① 첫 번째   ② 두 번째

③ 세 번째

 한자로 배우는 교과서 필수 어휘

뜻 친족 사이의 멀고 가까운 정도를 나타내는 수
예문 대한이는 촌수로 따지면 나와 사촌 사이이다.

뜻 아버지의 형제를 이르거나 부르는 말
예문 할아버지 생신이라 삼촌, 고모들이 오셨다.

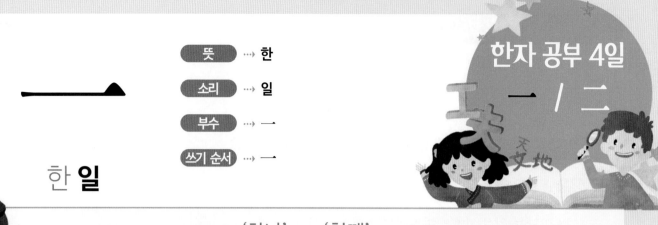

一

뜻	… 한
소리	… 일
부수	… 一
쓰기 순서	… 一

한 **일**

막대기를 옆으로 눕혀 놓은 모습으로 '하나' 혹은 '첫째'를 뜻합니다.

한자를 따라 써 보고, 한자의 뜻에 해당하는 그림을 색칠해 보세요.

한 일	한 일	한 일	한 일	한 일	한 일

급수 시험 예상 문제

❶ 다음 글의 ( ) 안에 있는 한자의 읽는 소리를 쓰세요.

(1) (一)월 (一)일은 설날이다.

(2) 나는 달리기 시합에서 (一)등을 했다.

❷ 다음 밑줄 친 말에 해당하는 한자를 〈보기〉에서 찾아 그 번호를 쓰세요.

〈 보기 〉

① 一   ② 二   ③ 三   ④ 四

(1) 나에게는 여동생 한 명이 있다.

(2) 소정이는 오늘 첫 번째로 급식을 먹었다.

❸ 다음 한자의 진하게 표시한 획은 몇 번째 쓰는지 〈보기〉에서 찾아 그 번호를 쓰세요.

〈 보기 〉

① 첫 번째

 한자로 배우는 교과서 필수 어휘

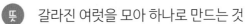 뜻 갈라진 여럿을 모아 하나로 만드는 것
예문 우리의 소원은 평화 통일이다.

뜻 여럿 가운데서 첫째가는 것
예문 내가 제일 소중하게 여기는 것은 우리 가족이다.

二

뜻	··· 두
소리	··· 이
부수	··· 二
쓰기 순서	··· 一 ▸ 二

두 이

막대기 두 개를 나란히 눕힌 모습으로 '둘' 혹은 '두 개'를 뜻합니다.

한자를 따라 써 보고, 한자의 뜻에 해당하는 그림을 색칠해 보세요.

二	二	二	二	二	二
두 이	두 이	두 이	두 이	두 이	두 이

급수 시험 예상 문제

❶ 다음 글의 (　) 안에 있는 한자의 읽는 소리를 쓰세요.

(1) (二)월이 지나면 봄의 시작인 삼월이다.

(2) 옆집 형은 중학교 (二) 학년이다.

❷ 다음 밑줄 친 말에 해당하는 한자를 〈보기〉에서 찾아 그 번호를 쓰세요.

──── 〈 보기 〉 ────

① 五　　　　② 四　　　　③ 三　　　　④ 二

(1) 우리 반은 두 줄로 서서 교실로 들어갔다.

(2) 우리 팀은 축구 대회에서 이등을 해 은메달을 땄다.

❸ 다음 한자의 진하게 표시한 획은 몇 번째 쓰는지 〈보기〉에서 찾아 그 번호를 쓰세요.

① 첫 번째　　　　② 두 번째

 한자로 배우는 교과서 필수 어휘

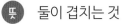
뜻 둘이 겹치는 것
예문 학교 창문은 안전을 위하여 이중으로 되어 있다.

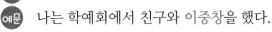
뜻 두 사람이 동시에 화음으로 부르는 노래
예문 나는 학예회에서 친구와 이중창을 했다.

뜻	… 석
소리	… 삼
부수	… 一
쓰기 순서	… 一 ▸ 二 ▸ 三

석 삼

막대기 3개를 늘어놓은 모습으로 '셋' 혹은 '세 번'을 뜻합니다.

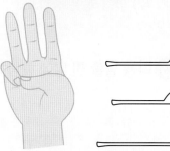

한자를 따라 써 보고, 한자의 뜻에 해당하는 그림을 색칠해 보세요.

三	三	三	三	三	三
석 삼	석 삼	석 삼	석 삼	석 삼	석 삼

💡 급수 시험 예상 문제

❶ 다음 글의 ( ) 안에 있는 한자의 읽는 소리를 쓰세요.

(1) 옛날 우리나라에는 신라, 고구려, 백제의 (三)국 시대가 있었다.

(2) 나는 (三)촌과 함께 영화관에 갔다.

❷ 다음 밑줄 친 말에 해당하는 한자를 〈보기〉에서 찾아 그 번호를 쓰세요.

─── 〈 보기 〉 ───

① 二   ② 三   ③ 四   ④ 五

(1) 할아버지께서는 딸 셋과 아들 하나를 두셨다.

(2) 동생은 아직도 세발자전거를 탄다.

❸ 다음 한자의 진하게 표시한 획은 몇 번째 쓰는지 〈보기〉에서 찾아 그 번호를 쓰세요.

─── 〈 보기 〉 ───

① 첫 번째   ② 두 번째

③ 세 번째

💡 한자로 배우는 교과서 필수 어휘

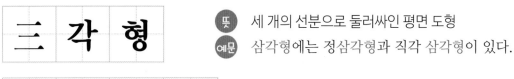

| 三 | 각 | 형 |

뜻 세 개의 선분으로 둘러싸인 평면 도형
예문 삼각형에는 정삼각형과 직각 삼각형이 있다.

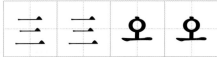

| 三 | 三 | 오 | 오 |

뜻 서너 사람 또는 대여섯 사람이 떼를 지어 다니거나 무슨 일을 함.
예문 학교가 끝나자 친구들은 삼삼오오 집으로 향했다.

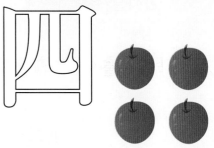

四

뜻	… 넉
소리	… 사
부수	… 口
쓰기 순서	… 丨 ▸ 冂 ▸ 冈 ▸ 四 ▸ 四

한자 공부 5일
三 / 四

넉**사**

옛날엔 막대기 네 개의 모양을 썼으나 三(삼)과 혼동되기 쉬웠습니다. 그래서 四(사)를 빌려 쓰게 되었습니다. '넷' 혹은 '네 번'을 뜻합니다.

한자를 따라 써 보고, 한자의 뜻에 해당하는 그림을 색칠해 보세요.

四	四	四	四	四	四
넉 사	넉 사	넉 사	넉 사	넉 사	넉 사

💡 급수 시험 예상 문제

❶ 다음 글의 ( ) 안에 있는 한자의 읽는 소리를 쓰세요.

(1) 시골에 사는 (**四**)촌 동생을 만나서 기뻤다.

(2) (**四**)분음표는 1박을 소리 낸다.

❷ 다음 밑줄 친 말에 해당하는 한자를 〈보기〉에서 찾아 그 번호를 쓰세요.

— 〈 보기 〉 —

① 二   ② 三   ③ 四   ④ 五

(1) 네 개의 변으로 둘러싸여 있는 도형을 사각형이라고 한다.

(2) 친구들과 공놀이를 하다가 네 번째 손가락을 다쳤다.

❸ 다음 한자의 진하게 표시한 획은 몇 번째 쓰는지 〈보기〉에서 찾아 그 번호를 쓰세요.

四

— 〈 보기 〉 —

① 첫 번째   ② 두 번째

③ 세 번째   ④ 네 번째

💡 한자로 배우는 교과서 필수 어휘

| 四 | 계 | 절 |

- 뜻 봄·여름·가을·겨울의 네 철
- 예문 우리나라는 사계절이 뚜렷하다고 한다.

| 四 | 방 |

- 뜻 동·서·남·북의 네 방위
- 예문 사방으로 흩어진 딱지를 주웠다.

五
다섯 오

뜻	··· 다섯
소리	··· 오
부수	··· 二
쓰기 순서	··· 一 · 丁 · 五 · 五

1~3까지는 막대기를 눕히는 방식으로 숫자를 구분했지만 4를 넘어가면 혼동이 생겼습니다. 이것을 구별하기 위해 막대기를 엇갈리게 놓는 방식으로 표시한 것이 바로 五입니다. '다섯' 혹은 '다섯 번'을 뜻합니다.

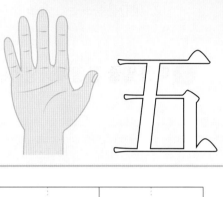

한자를 따라 써 보고, 한자의 뜻에 해당하는 그림을 색칠해 보세요.

五	五	五	五	五	五
다섯 오	다섯 오	다섯 오	다섯 오	다섯 오	다섯 오

급수 시험 예상 문제

1 다음 글의 ( ) 안에 있는 한자의 읽는 소리를 쓰세요.

(1) (五)월 (五)일은 어린이날이다.

(2) 시골 할머니 댁에는 다섯 가지 맛을 낸다는 (五)미자 나무가 있다.

2 다음 밑줄 친 말에 해당하는 한자를 〈보기〉에서 찾아 그 번호를 쓰세요.

〈 보기 〉

① 五   ② 六   ③ 七   ④ 八

(1) 우리 모둠은 5명으로 되어 있다.

(2) 다섯 명씩 모둠을 짜서 발표를 준비했다.

3 다음 한자의 진하게 표시한 획은 몇 번째 쓰는지 〈보기〉에서 찾아 그 번호를 쓰세요.

〈 보기 〉

① 두 번째   ② 세 번째

③ 네 번째   ④ 다섯 번째

 한자로 배우는 교과서 필수 어휘

뜻 다섯 가지 감각 기관. 시각, 청각, 후각, 미각, 촉각을 이름.
예문 나는 오감을 이용하여 여름 과일을 관찰하였다.

뜻 악보를 그릴 수 있도록 오선을 그은 종이
예문 오선지 위에는 여러 가지 음표가 그려져 있다.

六
여섯 륙(육)

뜻	⋯ **여섯**
소리	⋯ **륙(육)**
부수	⋯ 八
쓰기 순서	⋯ 亠 六 六 六

두 손의 세 손가락을 아래로 편 모양을 나타내어 **'여섯'**을 뜻합니다. 육이 단어의 첫머리에 올 때는 육으로 읽지만 뒤에 오면 '륙'으로 읽습니다. 단 六월은 육월이라 하지 않고 '유월'이라 합니다.

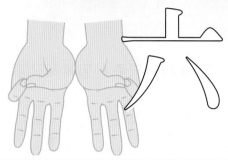

한자를 따라 써 보고, 한자의 뜻에 해당하는 그림을 색칠해 보세요.

六	六	六	六	六	六
여섯 륙(육)	여섯 륙(육)	여섯 륙(육)	여섯 륙(육)	여섯 륙(육)	여섯 륙(육)

급수 시험 예상 문제

1 다음 글의 ( ) 안에 있는 한자의 읽는 소리를 쓰세요.

(1) 춤을 (六)개월 동안 배웠다.

(2) (六) 더하기 三은 9이다.

2 다음 밑줄 친 말에 해당하는 한자를 〈보기〉에서 찾아 그 번호를 쓰세요.

─── 〈 보기 〉 ───

① 九   ② 八   ③ 六   ④ 七

(1) 내 동생은 <u>여섯</u> 살이다.

(2) 개미의 다리는 <u>6</u>개이다.

3 다음 한자의 진하게 표시한 획은 몇 번째 쓰는지 〈보기〉에서 찾아 그 번호를 쓰세요.

─── 〈 보기 〉 ───

① 첫 번째   ② 두 번째

③ 세 번째   ④ 네 번째

 한자로 배우는 교과서 필수 어휘

뜻 대강 어림잡아서 오백이나 육백쯤
예문 운동장에는 오륙백 명의 학생이 모여 있었다.

뜻 여섯 개의 직선으로 둘러싸인 평면 도형
예문 꿀벌은 육각형 모양의 집을 짓는다.

뜻	…	일곱
소리	…	칠
부수	…	一
쓰기 순서	…	一 → 七

七
일곱 **칠**

다섯 손가락을 위로 펴고 나머지 손의 두 손가락을 옆으로 편 모양을 나타내어 **'일곱'** 혹은 **'일곱 번'**을 뜻합니다.

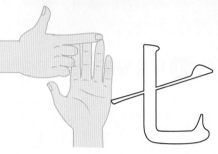

한자를 따라 써 보고, 한자의 뜻에 해당하는 그림을 색칠해 보세요.

七	七	七	七	七	七
일곱 칠	일곱 칠	일곱 칠	일곱 칠	일곱 칠	일곱 칠

급수 시험 예상 문제

1 다음 글의 ( ) 안에 있는 한자의 읽는 소리를 쓰세요.

(1) 나는 달리기 대회에서 (七) 등을 하였다.

(2) 미국 사람들은 (七)면조 고기를 좋아한다.

2 다음 밑줄 친 말에 해당하는 한자를 〈보기〉에서 찾아 그 번호를 쓰세요.

〈 보기 〉

① 十   ② 九   ③ 八   ④ 七

(1) 견우와 직녀는 음력 7월 7일에 만난다.

(2) 무지개는 일곱 가지 색을 가지고 있다.

3 다음 한자의 진하게 표시한 획은 몇 번째 쓰는지 〈보기〉에서 찾아 그 번호를 쓰세요.

〈 보기 〉

① 첫 번째   ② 두 번째

 한자로 배우는 교과서 필수 어휘

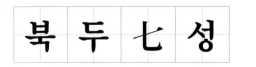

뜻 북쪽 하늘에 국자 모양으로 뚜렷하게 빛나는 일곱 개의 별
예문 북두칠성은 일곱 개의 별로 이루어져 있다.

뜻 일흔 살
예문 할머니께서는 칠순이 훨씬 넘으셨고, 여전히 건강하시다.

八

뜻	… 여덟
소리	… 팔
부수	→ 八
쓰기 순서	… ㅣ ▸ 八

八
여덟 **팔**

네 손가락씩 두 손을 편 모양을 나타내어 '여덟' 혹은 '여덟 번'을 뜻합니다. 둘로 나뉘어 있는 모습을 나타내어 '나누다'라는 뜻으로 쓰이다가 가차되어 **'여덟'**을 나타냅니다.

※ 가차: 뜻을 나타내는 한자가 없을 때 뜻은 다르지만 음이 같은 글자를 빌려 쓰는 방법

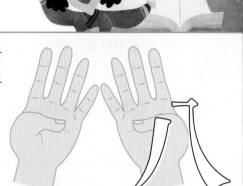

한자를 따라 써 보고, 한자의 뜻에 해당하는 그림을 색칠해 보세요.

八	八	八	八	八	八
여덟 팔	여덟 팔	여덟 팔	여덟 팔	여덟 팔	여덟 팔

급수 시험 예상 문제

1 다음 글의 (   ) 안에 있는 한자의 읽는 소리를 쓰세요.

(1) (八)월 15일은 광복절이다.

(2) 우리 선생님은 (八)방미인으로 소문이 나 있다.

2 다음 밑줄 친 말에 해당하는 한자를 〈보기〉에서 찾아 그 번호를 쓰세요.

〈 보기 〉

① 八   ② 七   ③ 六   ④ 五

(1) 문어의 다리는 여덟 개다.

(2) 연못에는 오리 8마리가 놀고 있다.

3 다음 한자의 진하게 표시한 획은 몇 번째 쓰는지 〈보기〉에서 찾아 그 번호를 쓰세요.

〈 보기 〉

① 첫 번째   ② 두 번째

 한자로 배우는 교과서 필수 어휘

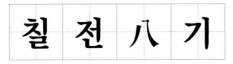

(뜻) (일곱 번 넘어지고 여덟 번 일어난다는 뜻으로) 여러 번
실패하여도 굴하지 아니하고 꾸준히 노력함을 이르는 말
(예문) 나는 두발자전거를 칠전팔기로 배웠다.

(뜻) 우리나라 전체를 이르는 말
(예문) 우리나라를 팔도강산이라 부른다.

九

아홉 구

뜻	⋯⋯	아홉
소리	⋯⋯	구
부수	⋯⋯	乙
쓰기 순서	⋯⋯	ノ ▸ 九

다섯 손가락을 위로 펴고 나머지 손의 네 손가락을 옆으로 편 모양을 나타내어 '아홉'을 뜻합니다.

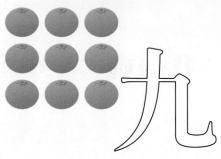

한자를 따라 써 보고, 한자의 뜻에 해당하는 그림을 색칠해 보세요.

九	九	九	九	九	九
아홉 구	아홉 구	아홉 구	아홉 구	아홉 구	아홉 구

급수 시험 예상 문제

① 다음 글의 ( ) 안에 있는 한자의 읽는 소리를 쓰세요.

(1) 내 생일은 (**九**)월에 들어 있다.

(2) 여름 방학에 (**九九**)단을 외웠다.

② 다음 밑줄 친 말에 해당하는 한자를 〈보기〉에서 찾아 그 번호를 쓰세요.

〈 보기 〉

① 十   ② 九   ③ 八   ④ 七

(1) 일의 자리 수 중에서 가장 큰 수는 <u>9</u>이다.

(2) 걸음마를 배우는 동생이 오늘은 <u>아홉</u> 걸음을 뗐다.

③ 다음 한자의 진하게 표시한 획은 몇 번째 쓰는지 〈보기〉에서 찾아 그 번호를 쓰세요.

〈 보기 〉

① 첫 번째   ② 두 번째

 한자로 배우는 교과서 필수 어휘

뜻 아득하게 먼 거리를 비유적으로 이르는 말
예문 철새들은 구만리 창공을 날아간다.

뜻 꼬리가 아홉 개 달리고 사람을 잘 홀린다는 옛이야기 속의 여우
예문 어머니께서는 꼬리가 아홉 달린 구미호 이야기를 해 주셨다.

뜻	… 열
소리	… 십
부수	… 十
쓰기 순서	… 一 ▸ 十

十

열 십

두 손을 엇갈리게 하여 합친 모양을 나타내어 **'열'** 혹은 **'열 번'**

을 뜻합니다. 十월은 '십월'이라 하지 않고 '시월'이라 합니다.

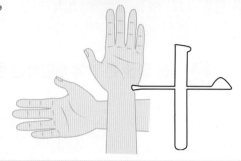

한자를 따라 써 보고, 한자의 뜻에 해당하는 그림을 색칠해 보세요.

十	十	十	十	十	十
열 십	열 십	열 십	열 십	열 십	열 십

급수 시험 예상 문제

1 다음 글의 ( ) 안에 있는 한자의 읽는 소리를 쓰세요.

(1) 교회 꼭대기에는 (十)자가가 세워져 있다.

(2) (十)이월은 한 해의 마지막 달이다.

2 다음 밑줄 친 말에 해당하는 한자를 〈보기〉에서 찾아 그 번호를 쓰세요.

── 〈 보기 〉 ──

① 五   ② 六   ③ 四   ④ 十

(1) 오징어의 다리는 <u>열</u> 개이다.

(2) <u>열</u> 번을 찍어 안 넘어가는 나무는 없다는 말은 포기하지 말라는 뜻이다.

3 다음 한자의 진하게 표시한 획은 몇 번째 쓰는지 〈보기〉에서 찾아 그 번호를 쓰세요.

── 〈 보기 〉 ──

① 첫 번째   ② 두 번째

 한자로 배우는 교과서 필수 어휘

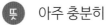 아주 충분히
 나는 너를 십분 이해한다.

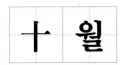
뜻 한 해의 열 번째의 달
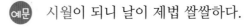 시월이 되니 날이 제법 쌀쌀하다.

萬
일만 만

뜻	… 일만
소리	… 만
부수	… 艸
쓰기 순서	一 ▸ 十 ▸ 十 ▸ 艹 ▸ 艹 ▸ 芦 ▸ 芦 ▸ 苜 ▸ 芦 ▸ 萬 ▸ 萬 ▸ 萬 ▸ 萬

가위나 꼬리를 번쩍 든 전갈의 모양을 본뜬 글자로 전갈이 알을 많이 낳는다고 하여 '**일만**' 혹은 '**많다**'를 뜻합니다.

한자를 따라 써 보고, 한자의 뜻에 해당하는 그림을 색칠해 보세요.

萬	萬	萬	萬	萬	萬
일만 만	일만 만	일만 만	일만 만	일만 만	일만 만

💡 급수 시험 예상 문제

① 다음 글의 ( ) 안에 있는 한자의 읽는 소리를 쓰세요.

(1) 할아버지께서 세뱃돈으로 (萬) 원을 주셨다.

(2) 운동회날 운동장에는 (萬)국기가 걸렸다.

② 다음 밑줄 친 말에 해당하는 한자를 〈보기〉에서 찾아 그 번호를 쓰세요.

――――― 〈 보기 〉 ―――――

① 萬   ② 十   ③ 九   ④ 八

(1) 월드컵 축구가 열리면 <u>만</u> 명이 넘는 축구팬이 길거리에서 응원한다.

(2) 우리나라의 인구는 오천<u>만</u>이 넘는다.

③ 다음 한자의 진하게 표시한 획은 몇 번째 쓰는지 〈보기〉에서 찾아 그 번호를 쓰세요.

萬

――――― 〈 보기 〉 ―――――

① 여덟 번째   ② 아홉 번째

③ 열 번째   ④ 열한 번째

💡 한자로 배우는 교과서 필수 어휘

萬 물

뜻 세상에 있는 모든 것
예문 여름은 만물이 성장하는 계절이다.

萬 일

뜻 혹시 있을지도 모르는 뜻밖의 경우
예문 여행할 때는 만일을 대비하여 비상 약을 챙겨야 한다.

日

뜻	⋯ 날
소리	⋯ 일
부수	⋯ 日
쓰기 순서	⋯ ㅣ ‣ 冂 ‣ 日 ‣ 日

날 일

태양을 그린 것으로 본래는 둥근 태양을 표현하려 했지만 지금은 네모꼴로 나타냈습니다. '태양' 혹은 '24시간을 뜻하는 날'을 뜻합니다.

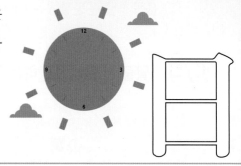

한자를 따라 써 보고, 한자의 뜻에 해당하는 그림을 색칠해 보세요.

日	日	日	日	日	日
날 일	날 일	날 일	날 일	날 일	날 일

급수 시험 예상 문제

❶ 다음 글의 (   ) 안에 있는 한자의 읽는 소리를 쓰세요.

(1) 나는 자기 전에 (日)기를 쓴다.

(2) 언니는 생(日) 선물로 휴대폰을 받았다.

❷ 다음 밑줄 친 말에 해당하는 한자를 〈보기〉에서 찾아 그 번호를 쓰세요.

〈 보기 〉

①母   ②父   ③日   ④月

(1) 해는 동쪽에서 뜹니다.

(2) 삼 일 계속해서 비가 내렸다.

❸ 다음 한자의 진하게 표시한 획은 몇 번째 쓰는지 〈보기〉에서 찾아 그 번호를 쓰세요.

〈 보기 〉

① 첫 번째   ② 두 번째

③ 세 번째   ④ 네 번째

 한자로 배우는 교과서 필수 어휘

뜻 어떤 일을 기억하기 위해 정한 날
예문 오늘은 부모님의 결혼기념일이다.

뜻 아침부터 저녁까지의 동안
예문 오늘은 하루 종일 장맛비가 주룩주룩 내렸다.

月

달 월

뜻	··· 달
소리	··· 월
부수	··· 月
쓰기 순서	··· 丿 ▸ 刀 ▸ 月 ▸ 月

초승달을 그린 것으로 밤에 뜨는 '달'과 한 해를 열둘로 나눈 것

가운데 하나의 기간인 '달'을 뜻합니다.

한자를 따라 써 보고, 한자의 뜻에 해당하는 그림을 색칠해 보세요.

月	月	月	月	月	月
달 월	달 월	달 월	달 월	달 월	달 월

급수 시험 예상 문제

1 다음 글의 (   ) 안에 있는 한자의 읽는 소리를 쓰세요.

(1) (月)요일 아침에는 방송 조회를 한다.

(2) 아버지께서는 (月)말이면 할머니 댁을 방문하신다.

2 다음 밑줄 친 말에 해당하는 한자를 〈보기〉에서 찾아 그 번호를 쓰세요.

〈 보기 〉

① 月   ② 日   ③ 火   ④ 水

(1) 추석에는 보름달을 보고 소원을 비는 풍습이 있다.

(2) 우리 가족은 매달 봉사 활동에 참가한다.

3 다음 한자의 진하게 표시한 획은 몇 번째 쓰는지 〈보기〉에서 찾아 그 번호를 쓰세요.

月

〈 보기 〉

① 첫 번째   ② 두 번째

③ 세 번째   ④ 네 번째

 한자로 배우는 교과서 필수 어휘

| 月 | 급 |

뜻 일터에서 일한 대가로 한 달마다 주는 일정한 돈
예문 아버지와 어머니는 월급의 대부분을 저축하신다.

| 月 | 간 |

뜻 다달이 한 번씩 펴내는 것, 또는 그 간행물
예문 아버지는 월간 잡지를 구독하신다.

火
불 화

뜻	⋯ 불
소리	⋯ 화
부수	⋯ 火
쓰기 순서	⋯ ＇ ＇ ＇ ﾉ 火

불길이 솟아오르는 모습을 그린 것이며 '불'을 뜻합니다.

한자를 따라 써 보고, 한자의 뜻에 해당하는 그림을 색칠해 보세요.

火	火	火	火	火	火
불 화	불 화	불 화	불 화	불 화	불 화

💡 급수 시험 예상 문제

1 다음 글의 (   ) 안에 있는 한자의 읽는 소리를 쓰세요.

(1) 겨울철에는 공기가 건조해서 (**火**)재 발생이 잦다.

(2) 돌아오는 (**火**)요일은 친구의 생일 파티가 있다.

2 다음 밑줄 친 말에 해당하는 한자를 〈보기〉에서 찾아 그 번호를 쓰세요.

〈 보기 〉

① 月　　　② 火　　　③ 水　　　④ 木

(1) <u>불</u>자동차가 지나가자 차들이 길을 비켜 주었다.

(2) 옛날에는 적군이 나타나면 <u>불</u>을 피워 임금님에게 소식을 알렸다.

3 다음 한자의 진하게 표시한 획은 몇 번째 쓰는지 〈보기〉에서 찾아 그 번호를 쓰세요.

火

〈 보기 〉

① 첫 번째　　　② 두 번째

③ 세 번째　　　④ 네 번째

💡 한자로 배우는 교과서 필수 어휘

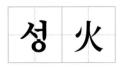 성 火

(뜻) (올림픽 같은) 큰 경기 대회장에 켜 놓는 횃불
(예문) 성화가 타오르면서 올림픽 경기가 시작되었다.

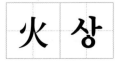 火 상

(뜻) 불이나 뜨거운 열이나 약품에 데어서 생긴 상처
(예문) 끓는 물이 튀는 바람에 화상을 입었다.

水
물 수

뜻	⋯▶ 물
소리	⋯▶ 수
부수	⋯▶ 水
쓰기 순서	⋯▶ 亅 ▸ 기 ▸ 水 ▸ 水

한자 공부 11일
水 / 木

물이 흐르고 있는 모양을 본뜬 글자로 '물'을 뜻합니다.

水

한자를 따라 써 보고, 한자의 뜻에 해당하는 그림을 색칠해 보세요.

水	水	水	水	水	水
물 수	물 수	물 수	물 수	물 수	물 수

급수 시험 예상 문제

❶ 다음 글의 (   ) 안에 있는 한자의 읽는 소리를 쓰세요.

(1) 학교에서 생존 (水)영을 배웠다.

(2) 잔잔한 호(水)에 물오리가 헤엄을 치고 있다.

❷ 다음 밑줄 친 말에 해당하는 한자를 〈보기〉에서 찾아 그 번호를 쓰세요.

〈 보기 〉

①火   ②水   ③木   ④金

(1) 꽃병에 물을 갈아 주었다.

(2) 물이 얼면 얼음이 된다.

❸ 다음 한자의 진하게 표시한 획은 몇 번째 쓰는지 〈보기〉에서 찾아 그 번호를 쓰세요.

〈 보기 〉

① 첫 번째   ② 두 번째

③ 세 번째   ④ 네 번째

 한자로 배우는 교과서 필수 어휘

뜻 비가 많이 와서 입는 큰 피해
예문 올해는 긴 장마로 수해를 입었다.

뜻 차가운 물
예문 냉수를 많이 마셔 배탈이 났다.

木

나무 **목**

뜻	… 나무
소리	… 목
부수	… 木
쓰기 순서	… 一 ▸ 十 ▸ 才 ▸ 木

한자 공부 11일

水 / 木

땅에 뿌리를 박고 가지를 뻗어 나가는 '나무'를 본뜬 글자로 '나무' 혹은 '목재'를 뜻합니다.

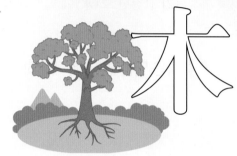

한자를 따라 써 보고, 한자의 뜻에 해당하는 그림을 색칠해 보세요.

木	木	木	木	木	木
나무 목	나무 목	나무 목	나무 목	나무 목	나무 목

💡 **급수 시험 예상 문제**

1 다음 글의 ( ) 안에 있는 한자의 읽는 소리를 쓰세요.

(1) 이번 주 (**木**)요일은 친구들과 현장 체험 학습을 가는 날이다.

(2) 고려 시대 문익점은 (**木**)화씨를 가져왔다.

2 다음 밑줄 친 말에 해당하는 한자를 〈보기〉에서 찾아 그 번호를 쓰세요.

〈 보기 〉

①木   ②金   ③土   ④日

(1) 산불이 발생하여 많은 <u>나무</u>가 불탔다.

(2) 가을이 되면 은행<u>나무</u>의 잎이 노랗게 물듭니다.

3 다음 한자의 진하게 표시한 획은 몇 번째 쓰는지 〈보기〉에서 찾아 그 번호를 쓰세요.

〈 보기 〉

① 첫 번째   ② 두 번째

③ 세 번째   ④ 네 번째

💡 **한자로 배우는 교과서 필수 어휘**

🔵 뜻 나무를 다루어 집을 짓거나 물건을 만드는 일을 직업으로 하는 사람
🔵 예문 삼촌은 손재주가 좋아 목수가 되셨다.

🔵 뜻 나무로 만든 탑
🔵 예문 절에서 조선 시대에 만들어진 목탑을 보았다.

金

쇠 금 / 성씨 김

뜻	⋯ 쇠 / 성씨
소리	⋯ 금 / 김
부수	⋯ 金
쓰기 순서	⋯ ノ 人 사 수 合 余 金 金

흙(土) 속에 광물(두 개의 점)을 담고 있다는 것으로 '쇠', '금'을 뜻합니다. '금'으로 발음할 때는 '쇠', '금', '돈'을 뜻하지만, '김'으로 발음할 때는 '성씨'를 뜻합니다.

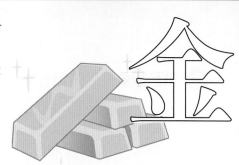

한자를 따라 써 보고, 한자의 뜻에 해당하는 그림을 색칠해 보세요.

金	金	金	金	金	金
쇠금 / 성씨김	쇠금 / 성씨김	쇠금 / 성씨김	쇠금 / 성씨김	쇠금 / 성씨김	쇠금 / 성씨김

급수 시험 예상 문제

❶ 다음 글의 ( ) 안에 있는 한자의 읽는 소리를 쓰세요.

(1) (金)은 노란빛을 띠고 있다.

(2) 우리나라에는 (金)씨 성이 가장 많다.

❷ 다음 밑줄 친 말에 해당하는 한자를 〈보기〉에서 찾아 그 번호를 쓰세요.

〈 보기 〉

① 土   ② 東   ③ 西   ④ 金

(1) 쇠는 자석에 붙는다.

(2) 세뱃돈을 저금하기 위해 은행에 갔다.

❸ 다음 한자의 진하게 표시한 획은 몇 번째 쓰는지 〈보기〉에서 찾아 그 번호를 쓰세요.

	〈 보기 〉
金	① 다섯 번째 ② 여섯 번째 ③ 일곱 번째 ④ 여덟 번째

 한자로 배우는 교과서 필수 어휘

 金 도 끼

뜻 금으로 만든 도끼
예문 나무꾼은 산신령님께 금도끼를 받았다.

 상 金

뜻 좋은 일이나 업적에 대해 격려하기 위하여 주는 돈
예문 우승한 팀에게는 우승 깃발과 상금을 주었다.

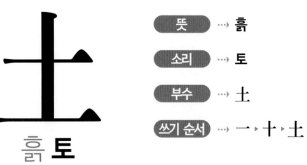

뜻	…	흙
소리	…	토
부수	…	土
쓰기 순서	…	一 十 土

土

흙 토

흙덩이가 뭉쳐있는 모습을 나타낸 글자로 '흙', '땅', '국토'나 '영토'를 뜻합니다.

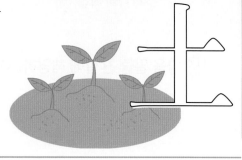

한자를 따라 써 보고, 한자의 뜻에 해당하는 그림을 색칠해 보세요.

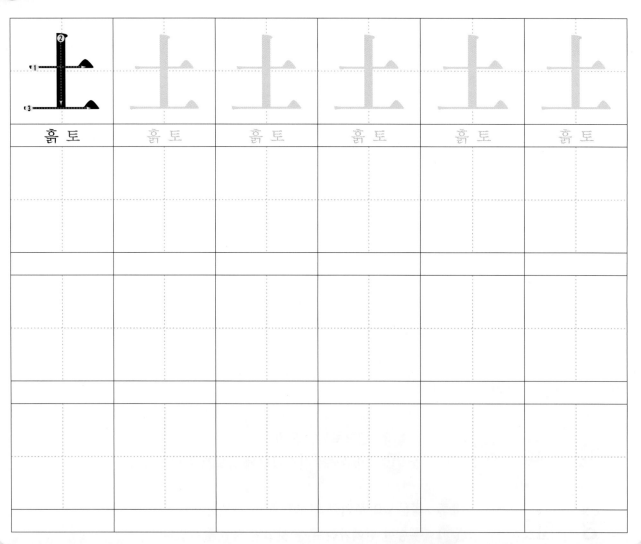

土	土	土	土	土	土
흙 토	흙 토	흙 토	흙 토	흙 토	흙 토

급수 시험 예상 문제

1 다음 글의 (   ) 안에 있는 한자의 읽는 소리를 쓰세요.

(1) (土)요일마다 우리 가족은 캠핑을 간다.

(2) (土)지가 비옥해야 농사가 잘된다.

2 다음 밑줄 친 말에 해당하는 한자를 〈보기〉에서 찾아 그 번호를 쓰세요.

— 〈 보기 〉 —

① 金   ② 土   ③ 日   ④ 月

(1) 사람은 <u>흙</u>을 밟으면서 자라야 건강하다.

(2) 비가 많이 내려 <u>땅</u>이 질퍽거렸다.

3 다음 한자의 진하게 표시한 획은 몇 번째 쓰는지 〈보기〉에서 찾아 그 번호를 쓰세요.

— 〈 보기 〉 —

① 첫 번째   ② 두 번째

③ 세 번째

한자로 배우는 교과서 필수 어휘

🔵 뜻 (옛날에) 흙으로 빚어 구워 만든 그릇
🔵 예문 왕의 무덤에서 오래된 <u>토기</u>가 발견되었다.

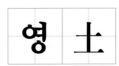

🔵 뜻 한 나라의 통치권이 미치는 영역
🔵 예문 독도는 우리나라의 <u>영토</u>이다.

東

동녘 동

뜻	⋯ 동녘
소리	⋯ 동
부수	⋯ 木
쓰기 순서	⋯ 一 ▸ 厂 ▸ 戸 ▸ 戸 ▸ 亘 ▸ 東 ▸ 東 ▸ 東

東의 옛 모양은 전대에 물건을 채워 아래위를 묶은 모양입니다. 나중에 방향의 東(동)으로 삼은 것은 해가 떠오르는 쪽의 방향이 동이므로 같은 음의 말을 빌린 것입니다.

한자를 따라 써 보고, 한자의 뜻에 해당하는 그림을 색칠해 보세요.

東	東	東	東	東	東
동녘 동	동녘 동	동녘 동	동녘 동	동녘 동	동녘 동

급수 시험 예상 문제

❶ 다음 글의 ( ) 안에 있는 한자의 읽는 소리를 쓰세요.

(1) 독도는 우리나라의 가장 (東)쪽에 있는 섬이다.

(2) (東)해 바다는 매우 넓고 푸르다.

❷ 다음 밑줄 친 말에 해당하는 한자를 〈보기〉에서 찾아 그 번호를 쓰세요.

〈 보기 〉

① 東　　　　② 西　　　　③ 南　　　　④ 北

(1) 우리나라 <u>동</u>쪽에 있는 바다는 동해이다.

(2) <u>동</u>대문의 또 다른 이름은 흥인지문이다.

❸ 다음 한자의 진하게 표시한 획은 몇 번째 쓰는지 〈보기〉에서 찾아 그 번호를 쓰세요.

東

〈 보기 〉

① 세 번째　　　　　② 네 번째

③ 다섯 번째　　　　④ 여섯 번째

 한자로 배우는 교과서 필수 어휘

뜻 한국, 중국, 인도를 중심으로 한 유라시아 대륙의 동부 지역
예문 세계의 역사는 동양과 서양의 교류로 발전하였다.

뜻 동쪽에서 불어오는 바람
예문 동풍이 불어와 이마에 맺힌 땀을 씻어 주었다.

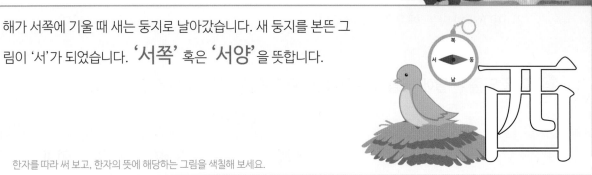

西
서녘 서

뜻	… 서녘
소리	… 서
부수	… 襾
쓰기 순서	… 一 ㄱ 冂 两 两 西

해가 서쪽에 기울 때 새는 둥지로 날아갔습니다. 새 둥지를 본뜬 그림이 '서'가 되었습니다. '서쪽' 혹은 '서양'을 뜻합니다.

한자를 따라 써 보고, 한자의 뜻에 해당하는 그림을 색칠해 보세요.

西	西	西	西	西	西
서녘 서	서녘 서	서녘 서	서녘 서	서녘 서	서녘 서

급수 시험 예상 문제

1 다음 글의 (   ) 안에 있는 한자의 읽는 소리를 쓰세요.

(1) (西)해안에는 갯벌이 많다.

(2) 해가 (西)산마루에 걸쳐 있다.

2 다음 밑줄 친 말에 해당하는 한자를 〈보기〉에서 찾아 그 번호를 쓰세요.

〈 보기 〉

① 西   ② 月   ③ 日   ④ 九

(1) 서녘에 노을이 아름답게 진다.

(2) 서양은 유럽과 아메리카 지역을 말한다.

3 다음 한자의 진하게 표시한 획은 몇 번째 쓰는지 〈보기〉에서 찾아 그 번호를 쓰세요.

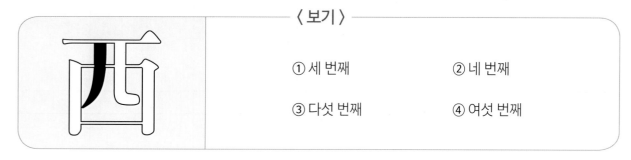

〈 보기 〉

① 세 번째   ② 네 번째

③ 다섯 번째   ④ 여섯 번째

한자로 배우는 교과서 필수 어휘

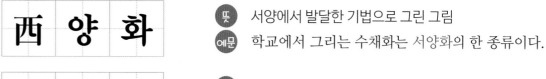

西 양 화
뜻 서양에서 발달한 기법으로 그린 그림
예문 학교에서 그리는 수채화는 서양화의 한 종류이다.

西 양 인
뜻 서양에서 태어났거나 살고 있는 사람, 또는 조상이 그러한 사람
예문 베토벤, 모차르트는 서양인이다.

南

남녘 남

뜻	… 남녘
소리	… 남
부수	… 十
쓰기 순서	… 一 → 十 → 广 → 内 → 肉 → 肉 → 肉 → 肉 → 南

종의 일종을 그린 것이었지만 일찍이 '남쪽'이라는 뜻으로 빌려 썼습니다. 이 종은 남쪽에 걸려 있던 것이기 때문에 '남쪽'을 뜻하게 되었다는 설이 있으나 유래가 명확히 밝혀진 것은 아닙니다.

한자를 따라 써 보고, 한자의 뜻에 해당하는 그림을 색칠해 보세요.

南	南	南	南	南	南
남녘 남	남녘 남	남녘 남	남녘 남	남녘 남	남녘 남

급수 시험 예상 문제

1 다음 글의 ( ) 안에 있는 한자의 읽는 소리를 쓰세요.

(1) 봄이 되면 강(南) 갔던 제비가 돌아온다.

(2) 서울의 한가운데는 (南)산이 우뚝 솟아 있다.

2 다음 밑줄 친 말에 해당하는 한자를 〈보기〉에서 찾아 그 번호를 쓰세요.

────── 〈 보기 〉──────

① 八   ② 父   ③ 母   ④ 南

(1) 봄소식은 남쪽에서 먼저 알려 온다.

(2) 노르웨이의 아문센은 1911년 남극을 탐험했다.

3 다음 한자의 진하게 표시한 획은 몇 번째 쓰는지 〈보기〉에서 찾아 그 번호를 쓰세요.

────── 〈 보기 〉──────

① 세 번째   ② 네 번째

③ 다섯 번째   ④ 여섯 번째

한자로 배우는 교과서 필수 어휘

뜻 남쪽으로 향함
예문 우리 집은 남향이라 햇빛이 많이 들어온다.

뜻 남쪽과 북쪽 또는 남한과 북한을 줄인 말
예문 한반도는 남북으로 분단되어 있다.

北

뜻	… 북녘 / 달아날
소리	… 북 / 배
부수	… 匕
쓰기 순서	… 丨 ㅓ ㅓ ㅓ 北

북녘**북** / 달아날 **배**

두 사람이 등을 돌리고 있는 모습을 나타내어 등지며 **'달아나다'**
는 의미를 가지고, 밝은 남쪽에 등지는 쪽이 **'북쪽'** 이므로 **'북녘'**
을 뜻하게 되었습니다.

한자를 따라 써 보고, 한자의 뜻에 해당하는 그림을 색칠해 보세요.

북녘 북 / 달아날 배	북녘 북 / 달아날 배	북녘 북 / 달아날 배	북녘 북 / 달아날 배	북녘 북 / 달아날 배	북녘 북 / 달아날 배

💡 급수 시험 예상 문제

1 다음 글의 (   ) 안에 있는 한자의 읽는 소리를 쓰세요.

(1) 우리나라에서 가장 높은 산인 백두산은 (北)쪽에 있다.

(2) (北)한은 남한에 비해 인구가 적다.

2 다음 밑줄 친 말에 해당하는 한자를 〈보기〉에서 찾아 그 번호를 쓰세요.

―――― 〈 보기 〉 ――――
① 七   ② 弟   ③ 北   ④ 兄

(1) 겨울을 나기 위해 북녘에서 날아오는 철새들이 있다.

(2) 많은 사람들이 북한산으로 등산을 간다.

3 다음 한자의 진하게 표시한 획은 몇 번째 쓰는지 〈보기〉에서 찾아 그 번호를 쓰세요.

―――― 〈 보기 〉 ――――

① 첫 번째   ② 두 번째

③ 세 번째   ④ 네 번째

💡 한자로 배우는 교과서 필수 어휘

北 극
🔵뜻 지구의 북쪽 끝
🔵예문 북극 동물은 추위에 강하다.

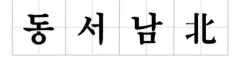

동 서 남 北
🔵뜻 동쪽 · 서쪽 · 남쪽 · 북쪽, 즉 모든 방향
🔵예문 동서남북을 사방이라고도 한다.

學

배울 **학**

뜻	⋯ 배울
소리	⋯ 학
부수	⋯ 子
쓰기 순서	⋯

한자 공부 15일
學 / 校

아이들이 양손에 책을 들고 가르침을 본받아 깨우치니 '배우다' 를 뜻하게 되었습니다.

한자를 따라 써 보고, 한자의 뜻에 해당하는 그림을 색칠해 보세요.

學	學	學	學	學	學
배울 학	배울 학	배울 학	배울 학	배울 학	배울 학

💡 급수 시험 예상 문제

❶ 다음 글의 ( ) 안에 있는 한자의 읽는 소리를 쓰세요.

(1) 초등(**學**)교에 입학하여 새로운 친구들을 사귀었다.

(2) 나는 오늘부터 피아노 (**學**)원을 다닌다.

❷ 다음 밑줄 친 말에 해당하는 한자를 〈보기〉에서 찾아 그 번호를 쓰세요.

〈 보기 〉

① 寸   ② 學   ③ 萬   ④ 女

(1) <u>배움</u>에는 나이가 많고 적음이 없다.

(2) 나는 매일 한자 <u>공부</u>를 한 후에 친구들과 논다.

❸ 다음 한자의 진하게 표시한 획은 몇 번째 쓰는지 〈보기〉에서 찾아 그 번호를 쓰세요.

〈 보기 〉

① 열세 번째   ② 열네 번째

③ 열다섯 번째   ④ 열여섯 번째

💡 한자로 배우는 교과서 필수 어휘

뜻 배워서 익힘.
예문 선생님께서 국어 학습지를 숙제로 내주셨다.

뜻 (학교에서) 한 학기가 끝나고 일정한 기간 동안 수업을 쉬는 것
예문 겨울 방학이면 할머니 댁에 가서 썰매를 탔다.

校
학교 교

뜻	⋯⋯▶ 학교
소리	⋯⋯▶ 교
부수	⋯⋯▶ 木
쓰기 순서	⋯⋯▶ 一 ▶ 十 ▶ 木 ▶ 术 ▶ 栌 ▶ 栌 ▶ 栌 ▶ 栌 ▶ 校 ▶ 校

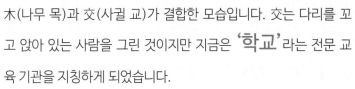

木(나무 목)과 交(사귈 교)가 결합한 모습입니다. 交는 다리를 꼬고 앉아 있는 사람을 그린 것이지만 지금은 '학교'라는 전문 교육 기관을 지칭하게 되었습니다.

한자를 따라 써 보고, 한자의 뜻에 해당하는 그림을 색칠해 보세요.

校	校	校	校	校	校
학교 교	학교 교	학교 교	학교 교	학교 교	학교 교

💡 급수 시험 예상 문제

❶ 다음 글의 ( ) 안에 있는 한자의 읽는 소리를 쓰세요.

(1) 친구들이 (**校**)가를 부르고 있다.

(2) 우리는 (**校**)장 선생님께 인사를 했다.

❷ 다음 밑줄 친 말에 해당하는 한자를 〈보기〉에서 찾아 그 번호를 쓰세요.

〈 보기 〉

①十   ②校   ③東   ④北

(1) 우리 학교는 5층 건물이다.

(2) 학교 운동장에서는 많이 아이들이 뛰어놀고 있다.

❸ 다음 한자의 진하게 표시한 획은 몇 번째 쓰는지 〈보기〉에서 찾아 그 번호를 쓰세요.

〈 보기 〉

① 다섯 번째   ② 여섯 번째

③ 일곱 번째   ④ 여덟 번째

💡 한자로 배우는 교과서 필수 어휘

| 校 | 문 |

🔵뜻 학교의 문
🔵예문 친구와 교문에서 만나 교실로 들어갔다.

| 校 | 내 |

🔵뜻 학교 안
🔵예문 교내에서는 소곤소곤 얘기해야 한다.

先
먼저 선

뜻	··· 먼저
소리	··· 선
부수	··· 儿
쓰기 순서	··· 丿 ㄷ 牛 生 先 先

한자 공부 16일
先 / 生

몸보다 발이 앞서 나가는 모습을 표현한 것입니다. 그래서 先은 '먼저', '앞' 혹은 '미리'라는 뜻을 갖게 되었습니다.

한자를 따라 써 보고, 한자의 뜻에 해당하는 그림을 색칠해 보세요.

先

先	先	先	先	先	先
먼저 선	먼저 선	먼저 선	먼저 선	먼저 선	먼저 선

급수 시험 예상 문제

1 다음 글의 (   ) 안에 있는 한자의 읽는 소리를 쓰세요.

(1) 입학식 날 담임 (先)생님께서는 우리를 반겨 주셨다.

(2) 수영을 하기 전에 우(先) 준비 운동을 해야 한다.

2 다음 밑줄 친 말에 해당하는 한자를 〈보기〉에서 찾아 그 번호를 쓰세요.

———— 〈 보기 〉 ————

① 先   ② 萬   ③ 東   ④ 學

(1) 정상에 제일 먼저 도착하는 팀에게는 선물이 주어진다.

(2) 책가방을 미리 챙겨 놓고 잠을 잤다.

3 다음 한자의 진하게 표시한 획은 몇 번째 쓰는지 〈보기〉에서 찾아 그 번호를 쓰세요.

———— 〈 보기 〉 ————

① 첫 번째   ② 두 번째

③ 세 번째   ④ 네 번째

 한자로 배우는 교과서 필수 어휘

| 先 | 배 |

뜻 자신이 졸업한 학교를 먼저 입학한 사람
예문 아버지는 우리 초등학교 선배이시다.

| 先 | 두 |

뜻 (여럿이 나아가거나 무슨 일을 꾀할 때) 맨 앞에 서는 사람 또는 그 위치
예문 나는 처음부터 선두에 서서 달렸다.

生

뜻	…▶ 날
소리	…▶ 생
부수	…▶ 生
쓰기 순서	…▶ ㄧ ㅏ ㅐ 牛 生

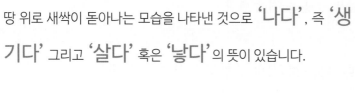

날 생

땅 위로 새싹이 돋아나는 모습을 나타낸 것으로 '나다', 즉 '생기다' 그리고 '살다' 혹은 '낳다'의 뜻이 있습니다.

한자를 따라 써 보고, 한자의 뜻에 해당하는 그림을 색칠해 보세요.

生	生	生	生	生	生
날 생	날 생	날 생	날 생	날 생	날 생

💡 급수 시험 예상 문제

❶ 다음 글의 ( ) 안에 있는 한자의 읽는 소리를 쓰세요.

(1) 형은 초등학교를 졸업하고 중학(生)이 되었다.

(2) 오늘 여름 방학 (生)활 계획표를 짰다.

❷ 다음 밑줄 친 말에 해당하는 한자를 〈보기〉에서 찾아 그 번호를 쓰세요.

〈 보기 〉
① 十　　　② 生　　　③ 西　　　④ 北

(1) 산에서 <u>나는</u> 버섯은 함부로 먹으면 안 된다.

(2) 암탉이 알을 <u>낳았다</u>.

❸ 다음 한자의 진하게 표시한 획은 몇 번째 쓰는지 〈보기〉에서 찾아 그 번호를 쓰세요.

〈 보기 〉
① 첫 번째　　　② 두 번째

③ 세 번째　　　④ 네 번째

💡 한자로 배우는 교과서 필수 어휘

🔵뜻 세상에 태어나서 죽을 때까지의 동안
🔵예문 아버지는 평생 절약하며 큰돈을 모았다.

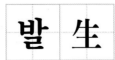

🔵뜻 어떤 일이 일어나는 것
🔵예문 전염병이 발생하여 모든 국민은 마스크를 착용한다.

한자 공부 17일

教 / 室

教

가르칠 **교**

- **뜻** ··· 가르칠
- **소리** ··· 교
- **부수** ··· 攴
- **쓰기 순서** ···

회초리를 들어 아이를 가르치는 모습으로 **'가르치다'**의 뜻입니다.

한자를 따라 써 보고, 한자의 뜻에 해당하는 그림을 색칠해 보세요.

教	教	教	教	教	教
가르칠 교	가르칠 교	가르칠 교	가르칠 교	가르칠 교	가르칠 교

급수 시험 예상 문제

1 다음 글의 ( ) 안에 있는 한자의 읽는 소리를 쓰세요.

(1) (敎)실에서 아이들의 웃음소리가 터져 나왔다.

(2) 수업 종이 울리기 전에 (敎)과서를 준비해 두었다.

2 다음 밑줄 친 말에 해당하는 한자를 〈보기〉에서 찾아 그 번호를 쓰세요.

─── 〈 보기 〉 ───

① 弟   ② 兄   ③ 敎   ④ 學

(1) 가르치는 직업은 많은 공부를 해야 한다.

(2) 선생님은 우리가 모르는 것을 친절히 가르쳐 주신다.

3 다음 한자의 진하게 표시한 획은 몇 번째 쓰는지 〈보기〉에서 찾아 그 번호를 쓰세요.

─── 〈 보기 〉 ───

① 세 번째   ② 네 번째

③ 다섯 번째   ④ 여섯 번째

 한자로 배우는 교과서 필수 어휘

- 뜻 : 대학에서, 학문을 가르치고 연구하는 사람
- 예문 : 우리 아버지는 대학생을 가르치는 교수이시다.

- 뜻 : 도움이 되거나 따를 만한 가르침
- 예문 : 선생님은 우리에게 많은 교훈을 주신다.

室

집 실

뜻	… 집
소리	… 실
부수	… 宀
쓰기 순서	… 丶 宀 宀 宀 安 宝 宝 室 室

대표 뜻·소리가 '집 실'이지만 '사람이 도착해서 머무는 방'이라는 뜻에서 한자어로 활용될 때 주로 '방'의 의미로 쓰입니다.

한자를 따라 써 보고, 한자의 뜻에 해당하는 그림을 색칠해 보세요.

室	室	室	室	室	室
집 실	집 실	집 실	집 실	집 실	집 실

💡 급수 시험 예상 문제

❶ 다음 글의 (　) 안에 있는 한자의 읽는 소리를 쓰세요.

(1) 우리 집 거(室)에는 화분이 있다.

(2) 화장(室)을 깨끗이 사용하자.

❷ 다음 밑줄 친 말에 해당하는 한자를 〈보기〉에서 찾아 그 번호를 쓰세요.

────── 〈 보기 〉 ──────

① 先　　　② 校　　　③ 母　　　④ 室

(1) 나는 우리 집에 친구들을 초대했다.

(2) 우리는 새집으로 이사를 가게 되었다.

❸ 다음 한자의 진하게 표시한 획은 몇 번째 쓰는지 〈보기〉에서 찾아 그 번호를 쓰세요.

室	〈 보기 〉
	① 다섯 번째　　② 여섯 번째
	③ 일곱 번째　　④ 여덟 번째

💡 한자로 배우는 교과서 필수 어휘

室 내

뜻 방이나 건물의 안
예문 겨울철에는 실내 온도를 적정하게 유지해야 한다.

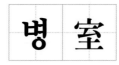병 室

뜻 병원에서 병을 치료하기 위하여 환자가 들어 머무는 방
예문 할아버지는 수술이 끝나고 병실로 옮겨졌다.

門
문 문

뜻	⋯ 문
소리	⋯ 문
부수	⋯ 門
쓰기 순서	⋯ 丨 丨 丨 丨 丨 丨 門 丨 門 門

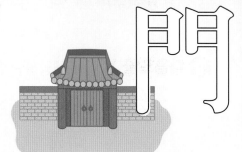

집으로 들어가기 위한 큰 대문을 그린 글자로 '문' 외에도 '집안'

이나 '문벌'과 같이 혈연적으로 나뉜 집안을 가리키기도 합니다.

門

한자를 따라 써 보고, 한자의 뜻에 해당하는 그림을 색칠해 보세요.

門	門	門	門	門	門
문 문	문 문	문 문	문 문	문 문	문 문

급수 시험 예상 문제

1 다음 글의 (   ) 안에 있는 한자의 읽는 소리를 쓰세요.

(1) 남대(**門**)은 우리나라의 국보 1호이다.

(2) 태풍이 올 때는 창(**門**)을 꼭 닫아야 한다.

2 다음 밑줄 친 말에 해당하는 한자를 〈보기〉에서 찾아 그 번호를 쓰세요.

〈 보기 〉

① **門**　　　　② **寸**　　　　③ **女**　　　　④ **室**

(1) 이모 집의 <u>문</u>은 빨간색이라 쉽게 찾을 수 있다.

(2) 바람에 <u>문</u>이 저절로 닫혔다.

3 다음 한자의 진하게 표시한 획은 몇 번째 쓰는지 〈보기〉에서 찾아 그 번호를 쓰세요.

〈 보기 〉

① 다섯 번째　　　　② 여섯 번째

③ 일곱 번째　　　　④ 여덟 번째

 한자로 배우는 교과서 필수 어휘

뜻 드나드는 문
예문 지하철 출입문이 자동으로 열렸다.

뜻 도둑이 들어오지 못하도록 문을 단단히 닫아 잠그는 일
예문 평소에 언니와 나는 문단속을 잘하고 있다.

大
큰 대

뜻	…▶ 큰
소리	…▶ 대
부수	…▶ 大
쓰기 순서	…▶ 一 ▶ 大 ▶ 大

양팔을 벌리고 있는 사람의 모습을 본떴으며 '크다' 외에도 '높다' 혹은 '귀하다'의 뜻도 있습니다.

한자를 따라 써 보고, 한자의 뜻에 해당하는 그림을 색칠해 보세요.

大	大	大	大	大	大
큰 대	큰 대	큰 대	큰 대	큰 대	큰 대

💡 급수 시험 예상 문제

1 다음 글의 (   ) 안에 있는 한자의 읽는 소리를 쓰세요.

(1) 세종 (**大**)왕은 백성을 위하여 한글을 만드셨다.

(2) 누나는 미술 (**大**)회에서 큰 상을 받았다.

2 다음 밑줄 친 말에 해당하는 한자를 〈보기〉에서 찾아 그 번호를 쓰세요.

〈 보기 〉

①中   ②大   ③小   ④萬

(1) 코끼리는 육지에 사는 동물 중에서 가장 <u>크다</u>.

(2) 그 아이의 눈이 유난히 <u>크다</u>.

3 다음 한자의 진하게 표시한 획은 몇 번째 쓰는지 〈보기〉에서 찾아 그 번호를 쓰세요.

〈 보기 〉

① 첫 번째   ② 두 번째

③ 세 번째

💡 한자로 배우는 교과서 필수 어휘

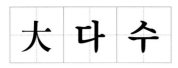

뜻 전체의 거의 모두를 차지하는 많은 수
예문 대다수의 친구들은 고운 말을 사용한다.

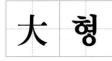

뜻 같은 종류의 물건 가운데에서 큰 규모에 속하는 것
예문 우리 집 부근에 대형 할인 매장이 들어섰다.

中
가운데 **중**

뜻	··· 가운데
소리	··· 중
부수	··· ㅣ
쓰기 순서	··· ㅣ ▸ ㄇ ▸ ㅁ ▸ 中

'중앙'을 뜻하나 때로는 '속'이나 '안', '마음'과 같은 사물의 중심을 말하기도 합니다.

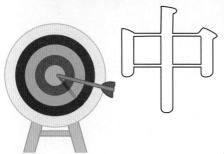

한자를 따라 써 보고, 한자의 뜻에 해당하는 그림을 색칠해 보세요.

中	中	中	中	中	中
가운데 중	가운데 중	가운데 중	가운데 중	가운데 중	가운데 중

💡 급수 시험 예상 문제

❶ 다음 글의 (   ) 안에 있는 한자의 읽는 소리를 쓰세요.

(1) 운동회날 (靑)군과 백군으로 팀을 나누었다.

(2) 학교에서 (靑)와대로 체험 학습을 갔다.

❷ 다음 밑줄 친 말에 해당하는 한자를 〈보기〉에서 찾아 그 번호를 쓰세요.

〈 보기 〉

①靑   ②父   ③白   ④月

(1) 우리나라의 가을 하늘은 <u>푸르다</u>.

(2) <u>푸른</u> 목장에는 양들이 한가롭게 풀을 뜯고 있다.

❸ 다음 한자의 진하게 표시한 획은 몇 번째 쓰는지 〈보기〉에서 찾아 그 번호를 쓰세요.

〈 보기 〉

① 네 번째   ② 다섯 번째

③ 여섯 번째   ④ 일곱 번째

💡 한자로 배우는 교과서 필수 어휘

🔵뜻 청년과 소년을 아울러 이르는 말. 혹은 성인이 되지 않은 젊은이
🔵예문 청소년 시절은 경험하고 싶은 것들이 많다.

🔵뜻 푸른빛을 띤 초록색
🔵예문 산과 나무를 청록색으로 칠하였다.

白

뜻	⋯ 흰
소리	⋯ 백
부수	⋯ 白
쓰기 순서	⋯ ⼁ ⼁ ⼎ 白 白

흰 백

촛불의 심지와 밝게 빛나는 불빛을 표현한 것입니다. 그래서 白에는 '희다' 외에도 '밝다'나 '빛나다'라는 뜻이 있습니다.

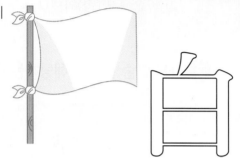

한자를 따라 써 보고, 한자의 뜻에 해당하는 그림을 색칠해 보세요.

白	白	白	白	白	白
흰 백	흰 백	흰 백	흰 백	흰 백	흰 백

급수 시험 예상 문제

1 다음 글의 ( ) 안에 있는 한자의 읽는 소리를 쓰세요.

(1) (白)로가 떼를 지어 날아가고 있다.

(2) 미국 대통령이 계시는 곳은 (白)악관이다.

2 다음 밑줄 친 말에 해당하는 한자를 〈보기〉에서 찾아 그 번호를 쓰세요.

─ 〈 보기 〉 ─

① 靑   ② 白   ③ 四   ④ 八

(1) 하얀 종이에 빨간 장미꽃을 그렸다.

(2) 나는 떡 중에 백설기를 가장 좋아한다.

3 다음 한자의 진하게 표시한 획은 몇 번째 쓰는지 〈보기〉에서 찾아 그 번호를 쓰세요.

─ 〈 보기 〉 ─

① 첫 번째   ② 두 번째

③ 세 번째   ④ 네 번째

 한자로 배우는 교과서 필수 어휘

뜻 강가나 바닷가에 흰 모래가 넓게 깔려 있는 곳
예문 우리 가족은 백사장에서 공놀이하며 재미있게 놀았다.

뜻 아무것도 적지 않은 비어 있는 종이
예문 백지에 낙서를 하는 것은 자원 낭비이다.

軍
군사 군

뜻	⋯ 군사
소리	⋯ 군
부수	⋯ 車
쓰기 순서	⋯ ⺊ 冖 冖 宀 宒 듹

冒 冟 軍

전차(車) 주위를 둘러싸고(冖) 있어 싸운다는 뜻이 되어 '군사'

혹은 '군대'를 뜻합니다.

한자를 따라 써 보고, 한자의 뜻에 해당하는 그림을 색칠해 보세요.

軍	軍	軍	軍	軍	軍
군사 군	군사 군	군사 군	군사 군	군사 군	군사 군

급수 시험 예상 문제

1 다음 글의 ( ) 안에 있는 한자의 읽는 소리를 쓰세요.

(1) 우리나라를 지키는 씩씩한 (軍)인 아저씨들을 보면 자랑스럽다.

(2) 나는 이순신 장(軍)을 가장 존경한다.

2 다음 밑줄 친 말에 해당하는 한자를 〈보기〉에서 찾아 그 번호를 쓰세요.

〈 보기 〉

① 軍   ② 靑   ③ 白   ④ 小

(1) 우리 삼촌은 하늘을 지키는 공군이시다.

(2) 외적을 물리치기 위해 튼튼한 군대가 있어야 한다.

3 다음 한자의 진하게 표시한 획은 몇 번째 쓰는지 〈보기〉에서 찾아 그 번호를 쓰세요.

〈 보기 〉

① 여섯 번째   ② 일곱 번째

③ 여덟 번째   ④ 아홉 번째

 한자로 배우는 교과서 필수 어휘

🔵 뜻 육지에서 전투를 맡아하는 군대
🔵 예문 사촌 형은 대한민국 육군에 입대했다.

🔵 뜻 바다에서 활동하는 군대
🔵 예문 수영을 좋아하는 삼촌은 해군을 지원하셨다.

韓

한국 / 나라 **한**

뜻	⋯ 한국 / 나라
소리	⋯ 한
부수	⋯ 韋
쓰기 순서	⋯ 一 → 十 → 十 → 古 → 古 → 直 → 直 → 直 → 亼 → 韩 → 韩 → 韓 → 韓 → 韓 → 韓 → 韓

한자 공부 21일
軍 / 韓

햇빛이 성을 비추는 모습에서 유래한 韓은 '**대한민국**'이나 나라 이름의 뜻으로 쓰입니다.

한자를 따라 써 보고, 한자의 뜻에 해당하는 그림을 색칠해 보세요.

韓	韓	韓	韓	韓	韓
한국 / 나라 한	한국 / 나라 한	한국 / 나라 한	한국 / 나라 한	한국 / 나라 한	한국 / 나라 한

급수 시험 예상 문제

❶ 다음 글의 ( ) 안에 있는 한자의 읽는 소리를 쓰세요.

(1) 우리나라의 이름은 대(韓)민국이다.

(2) 우리 가족은 명절에 (韓)복을 즐겨 입는다.

❷ 다음 밑줄 친 말에 해당하는 한자를 〈보기〉에서 찾아 그 번호를 쓰세요.

〈 보기 〉

① 軍   ② 韓   ③ 靑   ④ 火

(1) 대한민국의 영토는 호랑이처럼 생겼다.

(2) 서울은 대한민국의 수도이다.

❸ 다음 한자의 진하게 표시한 획은 몇 번째 쓰는지 〈보기〉에서 찾아 그 번호를 쓰세요.

〈 보기 〉

① 여섯 번째   ② 일곱 번째

③ 여덟 번째   ④ 아홉 번째

 한자로 배우는 교과서 필수 어휘

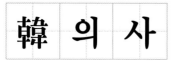

뜻 한국의 전통적인 의술로 치료하는 의사
예문 발을 다쳐 한의사 선생님께 침을 맞았다.

뜻 한국 고유의 음식
예문 나는 양식 요리보다 한식 요리가 더 좋다.

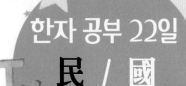

民
백성 민

뜻	… 백성
소리	… 민
부수	… 氏
쓰기 순서	… ㄱ ㄱ ㄹ ㄹ 民

'사람', '백성'을 뜻합니다.

한자를 따라 써 보고, 한자의 뜻에 해당하는 그림을 색칠해 보세요.

民	民	民	民	民	民
백성 민	백성 민	백성 민	백성 민	백성 민	백성 민

💡 급수 시험 예상 문제

❶ 다음 글의 (   ) 안에 있는 한자의 읽는 소리를 쓰세요.

(1) 온 국(民)이 힘을 합하면 경제 위기를 극복할 수 있다.

(2) 주(民)들 사이에 주차 문제로 다툼이 생겼다.

❷ 다음 밑줄 친 말에 해당하는 한자를 〈보기〉에서 찾아 그 번호를 쓰세요.

〈 보기 〉

① 中   ② 校   ③ 民   ④ 教

(1) 민주주의에서는 백성이 나라의 주인이다.

(2) 임금님은 백성들에게 곡식을 나누어 주셨다.

❸ 다음 한자의 진하게 표시한 획은 몇 번째 쓰는지 〈보기〉에서 찾아 그 번호를 쓰세요.

〈 보기 〉

① 첫 번째   ② 두 번째

③ 세 번째   ④ 네 번째

💡 한자로 배우는 교과서 필수 어휘

뜻 어떤 지역에 본래부터 살던 사람
예문 인디언은 미국 땅의 원주민이다.

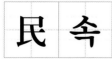

뜻 민간에서 오래전부터 전해져 내려오는 풍속이나 문화
예문 우리나라 민속놀이에는 윷놀이, 연날리기, 제기차기가 있다.

國

나라 국

뜻	… 나라
소리	… 국
부수	… 囗
쓰기 순서	… 丨 ▸ 冂 ▸ 冃 ▸ 冃 ▸ 同 ▸ 同 ▸ 同 ▸ 國 ▸ 國 ▸ 國 ▸ 國

한자 공부 22일
民 / 國

囗와 或(혹 혹)이 결합한 모습입니다. 或은 창을 들고 성벽을 경비하는 모습을 그린 것입니다. 그래서 '나라' 혹은 '국가'를 뜻하게 되었습니다.

한자를 따라 써 보고, 한자의 뜻에 해당하는 그림을 색칠해 보세요.

國 나라 국	國 나라 국	國 나라 국	國 나라 국	國 나라 국	國 나라 국

급수 시험 예상 문제

1 다음 글의 (   ) 안에 있는 한자의 읽는 소리를 쓰세요.

(1) 우리나라 (國)기는 태극기이다.

(2) 내가 제일 좋아하는 과목은 (國)어이다.

2 다음 밑줄 친 말에 해당하는 한자를 〈보기〉에서 찾아 그 번호를 쓰세요.

〈 보기 〉

① 靑   ② 月   ③ 日   ④ 國

(1) 우리 조상은 <u>나라</u> 잃은 설움을 겪어 보았다.

(2) 군인들은 <u>나라</u>를 지키기 위해 힘쓴다.

3 다음 한자의 진하게 표시한 획은 몇 번째 쓰는지 〈보기〉에서 찾아 그 번호를 쓰세요.

〈 보기 〉

① 여덟 번째   ② 아홉 번째

③ 열 번째   ④ 열한 번째

 한자로 배우는 교과서 필수 어휘

뜻 우리나라의 국가(노래)
예문 조회 시간에 바른 자세로 애국가를 불렀다.

뜻 나라의 안
예문 우리 가족은 해외여행보다 국내 여행을 더 좋아한다.

王

임금 왕

뜻	…	임금
소리	…	왕
부수	…	玉
쓰기 순서	…	一 ▸ 二 ▸ 千 ▸ 王

임금과 같은 우두머리가 지닌 큰 도끼의 모습을 본뜬 글자입니다.
父는 아버지가 가진 도끼, 王은 지배층이 가진 큰 도끼를 본떴습니다.

한자를 따라 써 보고, 한자의 뜻에 해당하는 그림을 색칠해 보세요.

王	王	王	王	王	王
임금 왕	임금 왕	임금 왕	임금 왕	임금 왕	임금 왕

급수 시험 예상 문제

1 다음 글의 ( ) 안에 있는 한자의 읽는 소리를 쓰세요.

(1) 세종 대(王)은 해시계와 물시계를 만들었다.

(2) 자라는 용(王)님의 병을 고치기 위해 토끼의 간을 찾으러 갔다.

2 다음 밑줄 친 말에 해당하는 한자를 〈보기〉에서 찾아 그 번호를 쓰세요.

〈 보기 〉

① 王　　　② 民　　　③ 國　　　④ 韓

(1) 경복궁은 <u>임금님</u>이 계신 궁궐이었다.

(2) <u>임금님</u>께 올리던 밥상을 수라상이라고 한다.

3 다음 한자의 진하게 표시한 획은 몇 번째 쓰는지 〈보기〉에서 찾아 그 번호를 쓰세요.

〈 보기 〉

① 첫 번째　　② 두 번째

③ 세 번째　　④ 네 번째

 한자로 배우는 교과서 필수 어휘

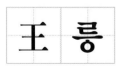 뜻 임금의 묘(무덤)
예문 경주에서 아주 큰 왕릉을 보았다.

 뜻 임금의 아들
예문 어머니는 나를 왕자님이라 부르신다.

人

뜻	…	사람
소리	…	인
부수	…	人
쓰기 순서	…	ノ 人

사람 인

사람이 서 있는 모습을 나타낸 글자로 **'사람'**을 뜻하지만 사람의

행동이나 신체의 모습, 성품과 관련된 의미를 전달하기도 합니다.

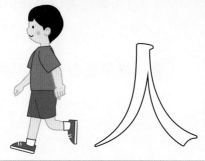

한자를 따라 써 보고, 한자의 뜻에 해당하는 그림을 색칠해 보세요.

人	人	人	人	人	人
사람 인	사람 인	사람 인	사람 인	사람 인	사람 인

급수 시험 예상 문제

❶ 다음 글의 ( ) 안에 있는 한자의 읽는 소리를 쓰세요.

(1) 우리나라는 노(人)을 공경하는 전통이 있다.

(2) 친구들과 (人)형 놀이를 하면서 놀았다.

❷ 다음 밑줄 친 말에 해당하는 한자를 〈보기〉에서 찾아 그 번호를 쓰세요.

〈 보기 〉

① 東   ② 人   ③ 王   ④ 西

(1) <u>사람</u>은 서로 더불어 살아간다.

(2) 우리 학교에서 훌륭한 <u>인물</u>이 많이 나왔다.

❸ 다음 한자의 진하게 표시한 획은 몇 번째 쓰는지 〈보기〉에서 찾아 그 번호를 쓰세요.

〈 보기 〉

① 첫 번째   ② 두 번째

 한자로 배우는 교과서 필수 어휘

🔵뜻 어떤 일에서 중심이 되거나 주도적인 역할을 하는 사람
🔵예문 우리는 각자 인생의 주인공이 되어야 한다.

🔵뜻 마주 대하거나 헤어질 때에 예의를 나타냄, 또는 그런 말이나 행동
🔵예문 웃어른께 인사를 잘한다고 칭찬을 받았다.

年

뜻 …▸ 해
소리 …▸ 년(연)
부수 …▸ 干
쓰기 순서 …▸ 𠂉 𠂉 𠂉 𠂉 𠂉 年

해 년(연)

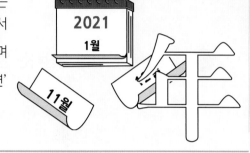

벗단을 등에 지고 가는 사람을 표현한 것으로 이는 추수가 끝나는 시점을 뜻합니다. 그래서 年은 한 해가 마무리되었다는 의미에서 '해'나 '새해'라는 뜻을 갖게 되었습니다. 해는 일 년을 말하며 '나이'를 뜻하기도 합니다. 年이 단어의 첫머리에 올 때는 '연'으로 읽지만, 뒤에서는 '년'으로 읽습니다.

한자를 따라 써 보고, 한자의 뜻에 해당하는 그림을 색칠해 보세요.

年	年	年	年	年	年
해 년(연)	해 년(연)	해 년(연)	해 년(연)	해 년(연)	해 년(연)

급수 시험 예상 문제

1 다음 글의 ( ) 안에 있는 한자의 읽는 소리를 쓰세요.

(1) 우리나라에서는 3월이 새 학(**年**)이 시작된다.

(2) 작(**年**)에 우리 가족은 처음으로 해외여행을 갔다.

2 다음 밑줄 친 말에 해당하는 한자를 〈보기〉에서 찾아 그 번호를 쓰세요.

〈 보기 〉

① 萬　　　　② 軍　　　　③ 年　　　　④ 弟

(1) 내년에는 더욱 열심히 공부하며 한 해를 보내야겠다.

(2) 1월이 되면 새로운 해가 시작되어 나이를 한 살씩 더 먹는다.

3 다음 한자의 진하게 표시한 획은 몇 번째 쓰는지 〈보기〉에서 찾아 그 번호를 쓰세요.

〈 보기 〉

① 두 번째　　　　② 세 번째

③ 네 번째　　　　④ 다섯 번째

한자로 배우는 교과서 필수 어휘

뜻 농사가 잘된 해
예문 농부는 매년 풍년을 기대한다.

뜻 나이의 높임말
예문 올해 할머니의 연세는 70세이시다.

山
메 / 산 산

뜻	⋯ 메 / 산
소리	⋯ 산
부수	⋯ 山
쓰기 순서	⋯ Ⅰ ▸ 山 ▸ 山

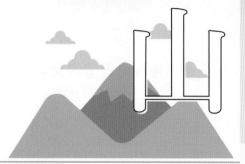

산의 봉우리가 이어지는 모양을 본뜬 글자로 '산'을 뜻합니다.

한자를 따라 써 보고, 한자의 뜻에 해당하는 그림을 색칠해 보세요.

山	山	山	山	山	山
메 / 산 산	메 / 산 산	메 / 산 산	메 / 산 산	메 / 산 산	메 / 산 산

급수 시험 예상 문제

1 다음 글의 ( ) 안에 있는 한자의 읽는 소리를 쓰세요.

(1) 할아버지께서는 주말 아침마다 등(山)을 하신다.

(2) 연휴를 맞이하여 우리 가족은 설악(山)으로 단풍 구경을 갔다.

2 다음 밑줄 친 말에 해당하는 한자를 〈보기〉에서 찾아 그 번호를 쓰세요.

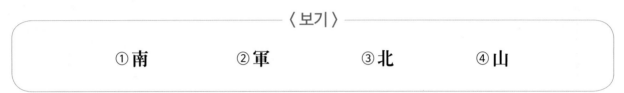

〈 보기 〉

① 南   ② 軍   ③ 北   ④ 山

(1) 아버지는 산에서 듣는 새소리, 바람 소리를 좋아하신다.

(2) 산 정상에 올라서니 시내가 한눈에 들어왔다.

3 다음 한자의 진하게 표시한 획은 몇 번째 쓰는지 〈보기〉에서 찾아 그 번호를 쓰세요.

〈 보기 〉

① 첫 번째   ② 두 번째

③ 세 번째

 한자로 배우는 교과서 필수 어휘

 산길을 걸어감

예문 산행 중에 길을 잃을 수 있으니 반드시 어른과 같이 가야 한다.

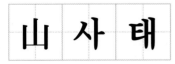

 비가 많이 내려서 산에서 돌과 흙이 한꺼번에 무너져 내리는 것

예문 장마로 전국 각지에서 산사태가 일어났다.

外

뜻	… 바깥
소리	… 외
부수	… 夕
쓰기 순서	… ﾉ → ﾌ → 夕 → 列 → 外

바깥 외

外는 夕(저녁 석)과 卜(점 복)이 결합한 모습입니다. 고대 중국에서는 아침에 점을 쳤는데 외부에서 적이 쳐들어왔을 때는 저녁(夕)에 점(卜)을 쳐야 했습니다. 그래서 外는 저녁에 점을 치는 예외적인 경우라는 의미에서 '바깥'이라는 뜻을 갖게 되었습니다.

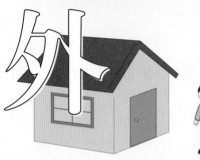

한자를 따라 써 보고, 한자의 뜻에 해당하는 그림을 색칠해 보세요.

外	外	外	外	外	外
바깥 외	바깥 외	바깥 외	바깥 외	바깥 외	바깥 외

급수 시험 예상 문제

1 다음 글의 (   ) 안에 있는 한자의 읽는 소리를 쓰세요.

(1) 우리 가족은 야(外)로 나가는 것을 좋아한다.

(2) 학교는 (外)부인 출입을 금지한다.

2 다음 밑줄 친 말에 해당하는 한자를 〈보기〉에서 찾아 그 번호를 쓰세요.

〈 보기 〉

① 外　　　② 室　　　③ 萬　　　④ 寸

(1) <u>바깥</u>에 나갔다 돌아왔을 때는 손과 발을 깨끗이 씻어야 한다.

(2) 이 과자는 <u>겉</u>이 바삭바삭하였다.

3 다음 한자의 진하게 표시한 획은 몇 번째 쓰는지 〈보기〉에서 찾아 그 번호를 쓰세요.

〈 보기 〉

① 두 번째　　　② 세 번째

③ 네 번째　　　④ 다섯 번째

한자로 배우는 교과서 필수 어휘

뜻 다른 나라를 이르는 말
예문 해외여행을 갈 때는 주로 비행기를 이용한다.

뜻 집에서 직접 해 먹지 아니하고 밖에서 음식을 사 먹음. 또는 그런 식사
예문 우리 가족은 오랜만에 외식을 했다.

長

긴 **장**

뜻	… 긴
소리	… 장
부수	… 長
쓰기 순서	… ㅣ ㅏ ㅏ ㅏ ㅌ ㅌ ㅌ 틍 長

머리카락이 긴 노인의 모습에서 유래한 이 한자는 '**길다**' 외에도 '**어른**' 혹은 '**우두머리**'의 뜻도 있습니다.

한자를 따라 써 보고, 한자의 뜻에 해당하는 그림을 색칠해 보세요.

長	長	長	長	長	長
긴 장	긴 장	긴 장	긴 장	긴 장	긴 장

🔍 급수 시험 예상 문제

❶ 다음 글의 (   ) 안에 있는 한자의 읽는 소리를 쓰세요.

   (1) 언니에게는 단점보다 (長)점이 더 많다.

   (2) 반(長) 선거에 나가 1표 차이로 당선되었다.

❷ 다음 밑줄 친 말에 해당하는 한자를 〈보기〉에서 찾아 그 번호를 쓰세요.

──────── 〈 보기 〉 ────────

①國　　　　②長　　　　③韓　　　　④民

   (1) <u>길고</u> 짧은 것은 대어 보아야 안다.

   (2) 나는 <u>긴</u> 패스를 받아 바로 골로 연결시켰다.

❸ 다음 한자의 진하게 표시한 획은 몇 번째 쓰는지 〈보기〉에서 찾아 그 번호를 쓰세요.

長	──── 〈 보기 〉 ──── ① 네 번째　　　　② 다섯 번째 ③ 여섯 번째　　　　④ 일곱 번째

🔍 한자로 배우는 교과서 필수 어휘

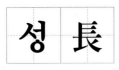

   뜻 　사람이나 동식물 따위가 자라서 점점 커짐

   예문 　나는 강아지의 성장 과정을 옆에서 지켜보았다.

   뜻 　초등학교나 중·고등학교에서 가장 높은 직위, 또는 그 직위에 있는 사람

   예문 　할머니는 교장 선생님 출신이시다.

참 쉬운 급수 한자

급수 한자

• 1일 •

父　　　　母

1. (1) 부 (2) 부
2. (1) ② (2) ②
3. ②

1. (1) 모 (2) 모
2. (1) ③ (2) ③
3. ④

• 2일 •

兄　　　　弟

1. (1) 형 (2) 형
2. (1) ③ (2) ③
3. ③

1. (1) 제 (2) 제
2. (1) ④ (2) ④
3. ②

• 3일 •

女　　　　寸

1. (1) 녀 (2) 녀
2. (1) ① (2) ①
3. ②

1. (1) 촌 (2) 촌
2. (1) ① (2) ①
3. ③

• 4일 •

一　　　　二

1. (1) 일 (2) 일
2. (1) ① (2) ①
3. ①

1. (1) 이 (2) 이
2. (1) ④ (2) ④
3. ②

• 5일 •

三　　　　四

1. (1) 삼 (2) 삼
2. (1) ② (2) ②
3. ②

1. (1) 사 (2) 사
2. (1) ③ (2) ③
3. ③

• 6일 •

五　　　　六

1. (1) 오 (2) 오
2. (1) ① (2) ①
3. ②

1. (1) 육 (2) 육
2. (1) ③ (2) ③
3. ①

· 7일 ·

七

1. (1) 칠 (2) 칠
2. (1) ④ (2) ④
3. ②

八

1. (1) 팔 (2) 팔
2. (1) ① (2) ①
3. ①

· 8일 ·

九

1. (1) 구 (2) 구
2. (1) ② (2) ②
3. ②

十

1. (1) 십 (2) 십
2. (1) ④ (2) ④
3. ①

· 9일 ·

萬

1. (1) 만 (2) 만
2. (1) ① (2) ①
3. ②

日

1. (1) 일 (2) 일
2. (1) ③ (2) ③
3. ①

· 10일 ·

月

1. (1) 월 (2) 월
2. (1) ① (2) ①
3. ②

火

1. (1) 화 (2) 화
2. (1) ② (2) ②
3. ③

· 11일 ·

水

1. (1) 수 (2) 수
2. (1) ② (2) ②
3. ②

木

1. (1) 목 (2) 목
2. (1) ① (2) ①
3. ③

· 12일 ·

金

1. (1) 금 (2) 김
2. (1) ④ (2) ④
3. ②

土

1. (1) 토 (2) 토
2. (1) ② (2) ②
3. ②

· 13일 ·

東   西

1. (1) 동 (2) 동   1. (1) 서 (2) 서
2. (1) ① (2) ①   2. (1) ① (2) ①
3. ①   3. ②

· 14일 ·

南   北

1. (1) 남 (2) 남   1. (1) 북 (2) 북
2. (1) ④ (2) ④   2. (1) ③ (2) ③
3. ③   3. ③

· 15일 ·

學   校

1. (1) 학 (2) 학   1. (1) 교 (2) 교
2. (1) ② (2) ②   2. (1) ② (2) ②
3. ②   3. ③

· 16일 ·

先   生

1. (1) 선 (2) 선   1. (1) 생 (2) 생
2. (1) ① (2) ①   2. (1) ② (2) ②
3. ③   3. ②

· 17일 ·

教   室

1. (1) 교 (2) 교   1. (1) 실 (2) 실
2. (1) ③ (2) ③   2. (1) ④ (2) ④
3. ②   3. ③

· 18일 ·

門   大

1. (1) 문 (2) 문   1. (1) 대 (2) 대
2. (1) ① (2) ①   2. (1) ② (2) ②
3. ①   3. ①

• 19일 •

中 小

中
1. (1) 중 (2) 중
2. (1) ③ (2) ③
3. ②

小
1. (1) 소 (2) 소
2. (1) ④ (2) ④
3. ②

• 20일 •

靑 白

靑
1. (1) 청 (2) 청
2. (1) ① (2) ①
3. ②

白
1. (1) 백 (2) 백
2. (1) ② (2) ②
3. ①

• 21일 •

軍 韓

軍
1. (1) 군 (2) 군
2. (1) ① (2) ①
3. ③

韓
1. (1) 한 (2) 한
2. (1) ② (2) ②
3. ③

• 22일 •

民 國

民
1. (1) 민 (2) 민
2. (1) ③ (2) ③
3. ③

國
1. (1) 국 (2) 국
2. (1) ④ (2) ④
3. ②

• 23일 •

王 人

王
1. (1) 왕 (2) 왕
2. (1) ① (2) ①
3. ②

人
1. (1) 인 (2) 인
2. (1) ② (2) ②
3. ①

• 24일 •

年 山

年
1. (1) 년 (2) 년
2. (1) ③ (2) ③
3. ③

山
1. (1) 산 (2) 산
2. (1) ④ (2) ④
3. ①

• 25일 •

外 長

外
1. (1) 외 (2) 외
2. (1) ① (2) ①
3. ④

長
1. (1) 장 (2) 장
2. (1) ② (2) ②
3. ③

전국한자능력검정시험 8급 답안지(1) (시험시간:50분)

수험번호 □□□-□□-□□□□
성명 □□□□

생년월일 □□□□ ※ 주민등록번호 앞 6자리 숫자를 기입하십시오. ※ 성명은 한글로 작성
※ 필기구는 검정색 볼펜만 가능

※ 답안지는 컴퓨터로 처리되므로 구기거나 더럽히지 마시고, 정답 칸 안에만 쓰십시오.
글씨가 채점란으로 들어오면 오답처리가 됩니다.

번호	답안란 답	채점란 1검	2검	번호	답안란 답	채점란 1검	2검	번호	답안란 답	채점란 1검	2검
1	일			13	⑨			25	⑥		
2	생			14	①			26	⑤		
3	삼			15	③			27	⑨		
4	촌			16	④			28	④		
5	모			17	⑦			29	①		
6	의			18	⑩			30	⑦		
7	서			19				31	학교 교		
8	형			20	⑥			32	남녘 남		
9	학			21	③			33	북녘 북		
10	여중			22	⑩			34	쇠 금 / 성씨 김		
11	⑧			23	⑧			35	나무 목		
12	⑥			24	②			36	임금 왕		
								37	집 실		

채점위원(1) (서명)(득점)　채점위원(2) (서명)(득점)　채점위원(3) (서명)(득점)

감독위원 (서명)

전국한자능력검정시험 8급 답안지(2)

※ 답안지는 컴퓨터로 처리되므로 구기거나 더럽히지 마시고, 정답 칸 안에만 쓰십시오.
글씨가 채점란으로 들어오면 오답처리가 됩니다.

번호	답안란 답	채점란 1검	2검
38	문문		
39	두 이		
40	아홉 구		
41	③		
42	④		
43	②		
44	①		
45	③		
46	③		
47	①		
48	②		
49	①		
50	②		

1회

・예상 문제 2회 답안・

전국한자능력검정시험 8급 답안지(1) (시험시간:50분)

수험번호 □□□-□□-□□□□　　　성명 □□□□
생년월일 □□□□□　　　※ 성명은 한글로 작성

※ 필기구는 검정색 볼펜만 가능
※ 주민등록번호 앞 6자리 숫자를 기입하십시오.
※ 답안지는 컴퓨터로 처리되므로 구기거나 더럽히지 마시고, 정답 칸 안에만 쓰십시오.
글씨가 채점란으로 들어오면 오답처리가 됩니다.

번호	답안란 (정답)	채점란 1검	채점란 2검	번호	답안란 (정답)	채점란 1검	채점란 2검
1	만			13	⑤		
2	부			14	⑥		
3	대			15	①		
4	청			16	⑩		
5	백			17	②		
6	교			18	③		
7	군			19	⑦		
8	요			20	⑧		
9	일			21	⑦		
10	이			22	③		
11	⑨			23	⑨		
12	④			24	②		

감독위원 (서명)　　채점위원(1) (득점)(서명)　　채점위원(2) (득점)(서명)　　채점위원(3) (득점)(서명)

[2회]

전국한자능력검정시험 8급 답안지(2)

※ 답안지는 컴퓨터로 처리되므로 구기거나 더럽히지 마시고, 정답 칸 안에만 쓰십시오.
글씨가 채점란으로 들어오면 오답처리가 됩니다.

번호	답안란 (정답)	채점란 1검	채점란 2검	번호	답안란 (정답)	채점란 1검	채점란 2검
25	①			38	나라 국		
26	④			39	임금 왕		
27	⑤			40	해 년(연)		
28	⑩			41	④		
29	⑧			42	③		
30	⑩			43	②		
31	석 삼			44	①		
32	긴 강			45	④		
33	메/산 산			46	②		
34	불 화			47	②		
35	남녘 남			48	③		
36	먼저 선			49	③		
37	일 심			50	④		

[2회]

• 예상 문제 3회 답안 •

전국한자능력검정시험 8급 답안지(1) (시험시간:50분)

수험번호 □□□-□□-□□□□   성명 □□□□
생년월일 □□□□□□   ※ 주민등록번호 앞 6자리 숫자를 기입하십시오.   ※ 성명은 한글로 작성
※ 필기구는 검정색 볼펜만 가능
※ 답안지는 컴퓨터로 처리되므로 구기거나 더럽히지 마시고, 정답 칸 안에만 쓰십시오.
글씨가 채점란으로 들어오면 오답처리가 됩니다.

번호	답안란 정답	채점란 1검	채점란 2검	번호	답안란 정답	채점란 1검	채점란 2검
1	한			13	④		
2	산			14	⑧		
3	특			15	⑩		
4	백			16	⑤		
5	남			17	②		
6	녀			18	①		
7	국			19	⑨		
8	외			20	⑥		
9	수			21	③		
10	나			22	⑤		
11	③			23	⑨		
12	⑦			24	⑥		

감독위원 (서명) / 채점위원(1) (득점) (서명) / 채점위원(2) (득점) (서명) / 채점위원(3) (득점) (서명)

3회

전국한자능력검정시험 8급 답안지(2)

※ 답안지는 컴퓨터로 처리되므로 구기거나 더럽히지 마시고, 정답 칸 안에만 쓰십시오.
글씨가 채점란으로 들어오면 오답처리가 됩니다.

번호	답안란 정답	채점란 1검	채점란 2검	번호	답안란 정답	채점란 1검	채점란 2검
25	①			38	다섯 륙(육)		
26	⑧			39	임금 왕		
27	②			40	학교 교		
28	⑦			41	③		
29	⑩			42	④		
30	③			43	②		
31	북 서			44	①		
32	남 녀			45	②		
33	기를 교			46	④		
34	긴 장			47	③		
35	사람 인			48	①		
36	나무 목			49	⑤		
37	아우 제			50	②		

3회